Ты Прав(а), Я Ошибаюсь

**потому что здоровые, любящие отношения
не возникают случайно.**

You're right, I'm wrong

Because a healthy partnership full of love
does not come by chance

Ты не знаешь, как сделать свою пару счастливой/счастливым, или задаешься вопросом, о чем она/он думает? Не знаешь, почему они так злятся из-за мелочей, до такой степени, что ты думаешь: "Я никогда не смогу сделать тебя счастливым... так зачем вообще пытаться?"

Ниже приведен быстрый тест: Ты разозлил своего любимого человека, и он уходит в спальню и запирает дверь. Что ты должен сделать?

А. Оставить его в покое, чтобы он успокоился или
В. Постучать в дверь и извиниться.

Если ты выбрал вариант А, то приобрети эту книгу.

Ответ - Б. Постучи в дверь и извинись. Но ты же не ошибся! Почему ты извиняешься, когда уверен в своей правоте! Ответ прост: ты извиняешься за то, что не находишься на одной волне со своим любимым человеком. Если ты не извинишься, то будешь жить в несчастье в собственном доме. Извинись, чтобы ты и твой любимый человек снова могли начать разговаривать друг с другом. Снова понимать друг друга. И приступить к счастливой жизни и отношениям. Эта книга - все о том, как жить весело и счастливо.

Ты узнаешь о своих четырех потребностях в счастье. Ты также узнаешь о четырех потребностях своего любимого человека для счастья. Ты узнаешь о том, как отношения портятся через четыре ошибки, четыре стадии, через которые пройдет твой любимый человек, и четыре урока, которым тебя никогда не учили. И после того, как твои глаза откроются, ты будешь готов к 16 ежедневным инструментам для восстановления четырех компонентов, имеющих решающее значение для здоровых отношений.

Советы и проницательность этой книги могут помочь одиночкам подойти к новым отношениям так, чтобы друзья остались довольны. Не пора ли отбросить все глупые игры, которые только мешают? Чувствуешь ли ты, что текущие отношения нуждаются в улучшении, или ты начинаешь всё с чистого листа, эта книга была создана для того, чтобы исправить твой подход к отношениям.

Ты Прав(а), я Ошибаюсь

Эта книга посвящена тому, как иметь прекрасные отношения. В ней используется уникальный подход к твоим отношениям. Часть 1 начинается с того, что помогает тебе понять, как твои отношения стали такими плохими. Она позволяет тебе сделать шаг назад и соединиться со сходствами в твоих отношениях. Цель - помочь тебе понять, как ты неосознанно создавал проблемы, чтобы ты мог встать на путь их устранения.

Часть 2 помогает тебе понять, почему твои отношения пошли плохо. Здесь ты начинаешь видеть, что стало причиной разрывов. Ты начнешь видеть свои действия по-новому, проливая свет на то, как они влияют на твоего любимого человека. Как только ты поймешь, как и почему, ты будешь на полпути к исправлению ваших отношений.

Часть 3 - самая важная, потому что она посвящена перезагрузке отношений. В ней есть пошаговый подход к исправлению твоих отношений и шестнадцать инструментов, необходимых для этого. Прочитав книгу, ты поймешь, что нужно исправить в твоих отношениях и, что более важно, какие инструменты это исправят.

После того как ты прочитаешь эту книгу, я настоятельно рекомендую тебе скачать рабочую тетрадь. Ты получишь еще шестнадцать инструментов плюс бонусную главу о сложных пунктах "багажа". Это и есть мастер-класс.

Эта книга была тщательно написана, чтобы применяться ко всем полам и отношениям. За исключением изображений, эта книга не специфична для какого-либо пола. Когда ты будешь читать книгу, ты увидишь, какую роль ты играешь в ней. Ты узнаешь о ежедневных проблемах, влияющих на твои отношения, о которых ты даже не подозревал. Позже в этой книге ты увидишь, как все это связывается воедино и, что более важно, как каждый из спутников зависит от другого для здоровых отношений.

уровня успеха, который ты можешь испытать, следуя советам и стратегиям, содержащимся в этой книге. Ты принимаешь на себя риск того, что результаты будут отличаться для каждого человека. Свидетельства и примеры, приведенные в этой книге, демонстрируют исключительные результаты, которые могут быть неприменимы к среднестатистическому читателю. Они не предназначены для того, чтобы представлять или гарантировать, что ты достигнешь таких же или подобных результатов.

Опубликовано издательством "Art and Living" (Искусство и жизнь), Лос-Анджелес, Калифорния

www.artandliving.com

Напечатано в Соединенных Штатах Америки

Самоотверженность и Признательность

Во-первых, любви всей моей жизни, которая поддерживала меня, пока я проходил свой путь, чтобы завершить эту книгу и сделать всё правильно.

Моим друзьям парням: Я хочу поблагодарить вас за ваши истории и опыт, которыми я смог поделиться - Джим Феррис, Джон Паттисон, Леон Джонни Харрис, Рон Буркхардт, Майкл Тодд.

Великой семье и друзьям, которые дали перспективу для книги - спасибо! Джоанни Фэйр, Кейси Фишер, Рейн Хагстром, Аарон Ианнелло, Доктор Психологии Донна МакКанн, Дэвид Пфайффер, Эйлин Ней.

Содержание

Об Авторе
Джефф Маринелли ...

Джефф Маринелли - автор, у которого есть Надежда, издатель, филантроп, предприниматель и лучший друг для всех, кто работает над построением лучших отношений. Он первым скажет тебе, что он не психолог. Он учился на основе глубокого опыта в личной и профессиональной жизни и теперь делится этим пониманием в книгеТы Прав(а), Я Ошибаюсь. Как основатель/издатель журнала "Art and Living"(Искусство и жизнь) Джефф соединяет аудиторию и творцов, обогащающих жизнь, с 2005 года. Как основатель благотворительного фонда "Art and Living"(Искусство и жизнь), Джефф сближает студентов с искусством через увлекательные занятия. Будучи партнером генерального директора, Джефф пережил высокий стресс корпоративной жизни и показал, что он знает, как партнерство может быть подвергнуто испытаниям и стать сильнее.

Об Артисте
Гонсало Дюран

Гонсало Дюран - Лос-анджелесский художник с международной аудиторией. Он родился в Мексике, в детстве эмигрировал в США и вырос в Восточном Лос-Анджелесе, после чего посещал Институт Искусств Отиса и Художественную Школу Чуинард. Его называли Марком Шагалом Северной и Центральной Америки. Его блестящая, иногда поразительная палитра дополняет его беспредельное воображение. Он управляет Домом Мозаичной Плитки вместе со своей женой, художницей Чери Панн, из своего дома в Венеции, штат Калифорния.

Гонсало был идеальным артистом для этой книги, потому что он живет тем, о чем написано в этой книге. Как он знает, если его пара счастлива, то и он счастлив. Гонсало рассказывает визуальную историю книги через свои художественные работы, и его работы — это подарок для читателя.

Как все стало Настолько плохо

ЧАСТЬ 1:
КАК И ПОЧЕМУ ВАШИ ОТНОШЕНИЯ ОКАЗАЛИСЬ ЗДЕСЬ

ДАВАЙ НАЧИСТОТУ

Глава 1: ФАКТЫ

В обязанности твоего любимого человека не входит делать тебя счастливым.
Счастье — это внутренняя работа.

Давай будем честными. Являешься ли ты такой замечательной второй половиной, какой бы мог быть? Или ты немного не понимаешь, что делает твоего любимого человека счастливым, о чём он/она думает, или почему он/она так злится из-за того, что кажется тебе мелочами? Та сказочная жизнь, с которой ты начинал, теперь кажется тебе трудной, сложной, бесконечной, неблагодарной работой?

Реальность такова, что большинство из нас вступали в отношения, не имея особого представления о том, что делает нашего любимого человека счастливым. Мы просто думали, что если мы упорно трудимся, чтобы обеспечить прекрасную жизнь, то как может любимый человек быть несчастлив? Но иногда кажется, что ни за что на свете твой любимый человек никогда не будет доволен.

В конечном счете, большинство людей просто хотят быть счастливыми вместе. Они хотят верить в совместимость и товарищеские отношения. Они хотят получать удовольствие в незамысловатом, сделал дело - гуляй смело ключе.

Эта книга о том, как получить ту замечательную жизнь с твоим любимым человеком без всего лишнего дерьма. Она о том, чтобы вспомнить, как быть человеком, в которого твоя вторая половина влюбилась, чтобы он/она смог/смогла испытать это чувство снова и снова.

Чтобы сделать это, ты должен сначала понять, что заставляет отношения работать. Эта книга проведет тебя по минному полю, чтобы ты смог создать отношения, которые будут прекрасны во всех смыслах: крепкая связь, совместное веселье и честность, и, конечно же, полная любовь.

Эта книга поможет тебе стать тем, кто заслуживает вторую половину, которая удовлетворяет твои потребности - и делает так, чтобы тебе было легко удовлетворить их потребности. Если ты потерял эту связь со своим любимым человеком, то тебе нужна эта книга. Если твои отношения не в лучшем состоянии или ты знаешь, что они могли бы быть намного лучше, тогда тебе нужна эта книга.

Каждый день с твоим любимым человеком происходит множество перемен. То, как они решаются, является ключевым моментом. В обычные дни ваши отношения протекают нормально, но как быть в не совсем обычные дни или когда возникают неожиданные проблемы?

Мы раскроем критические элементы, которые заставляют твоего любимого человека реагировать, так, как он/она реагирует, чтобы ты мог распознать подводные камни и проблемные места. Когда ты увидишь их, ты сможешь ответить заботой и любовью, вместо того чтобы реагировать стрессом. Эта книга поможет тебе сделать правильный выбор для решения проблем и эффективного общения с любимым человеком. Это сложно, но не невозможно. Я покажу тебе, как и почему.

Я часто слышу, как пары говорят: "О, мы немного спорим тут и там, но какие пары не спорят? Как эта книга может мне помочь?". Прочитав ее, ты поймешь.

Жизнь без любви всей твоей жизни — это не жизнь.

Не Забывай Практиковать То, Что Работает

Я не психолог. Я просто парень, который на практическом жизненном опыте в течение многих лет узнал, как построить крепкие отношения. Я делился этим простым советом с друзьями, которые находили его полезным. Теперь я делюсь им с тобой.

Эта книга - не теоретический самоанализ. Это практическое, легкое чтение с повседневными примерами, взятыми из реальной жизни. Это путь, по которому может пройти каждый, чтобы вернуть отношения в нормальное русло. Многие случаи, описанные в этой книге, станут напоминанием о том, что ты уже знаешь, но забыл применить на практике. Или напоминанием о том, что ты знаешь в какой-то части себя, которая по той или иной причине оказалась вне досягаемости. Возможно, ты слышал следующую историю, рассказанную антропологом Лореном Айзли. Это идеальная аналогия того, почему я написал эту книгу:

Однажды рано утром один старик прогуливался по берегу после сильного шторма и обнаружил, что огромный пляж усеян морскими звездами, которые простирались в обоих направлениях, настолько, насколько мог видеть глаз. Вдалеке старик заметил приближающегося маленького мальчика. Когда мальчик шел по пляжу, он то и дело останавливался, наклоняясь, чтобы подобрать какой-нибудь предмет и бросить его в море. Когда мальчик подошел ближе, мужчина окликнул его: "Доброе утро! Могу ли я спросить, что ты делаешь?".

Молодой парень поднял глаза и ответил: "Бросаю морские звезды в океан. Прилив вынес их на пляж, и они не могут сами вернуться в море. Когда солнце поднимется высоко, они погибнут, если я не брошу их обратно в воду".

Старик ответил: "Но на этом пляже, наверное, десятки тысяч морских звезд. Боюсь, ты не сможешь ничего изменить".

Мальчик нагнулся, поднял очередную морскую звезду и бросил ее в океан так далеко, как только смог. Затем он повернулся, улыбнулся и сказал: "Для этой это имело значение!".

У Тебя Есть Сила

Ты Прав(а), Я Ошибаюсь начинается с идеи о том, что у тебя есть возможность взять на себя инициативу в восстановлении отношений. Да, для отношений нужны двое, но позитивная сила действий одного человека может изменить всё. Слишком легко сваливать проблемы в отношениях на другого человека. Слишком легко сидеть сложа руки и ждать, пока он изменится, когда у тебя больше сил, чем ты думаешь, чтобы вернуть всё на круги своя.

Начни с убеждения, что ты - скала в отношениях. В своей собственной жизни я следую мудрой пословице "счастливая жена - счастливая жизнь". Я женат на женщине, которая была генеральным директором и стремится к результатам. Она четко формулирует свои ожидания, как на работе, так и дома. Я научился и освоил, как сделать так, чтобы в первую очередь удовлетворялись её потребности. Тогда, и только тогда, я могу сосредоточиться на своей работе, хобби и этой книге, не беспокоясь о наших отношениях. Я шучу, что моя жизненная задача - следить за тем, чтобы моя жена не испытывала стресса. Но уверяю тебя, что когда она не напряжена, то и я тоже.

Читая это, сохраняй непредвзятость. Сосредоточься на том, что относится к тебе. Применяй идеи на практике. Ты увидишь, как твои отношения изменятся к лучшему.

Эта книга предназначена не только для людей, состоящих в устоявшихся отношениях. Она может помочь одиночкам подойти к новым отношениям так, чтобы друзья были счастливы. Не пора ли отбросить все глупые игры, которые только мешают? Чувствуешь ли ты, что нынешние отношения нуждаются в улучшении, или ты начинаешь новые, эта книга была создана для того, чтобы исправить твой подход к отношениям. Разве ты не заслуживаешь возможности лучшей жизни со своей второй половиной?

Глава 2:
Четыре Ошибки, которые мы совершаем с нашими вторыми половинками

Отношения не разрушаются из-за одного большого взрыва. Они умирают понемногу каждый день, когда мы не обращаем на это внимания. Я выделил четыре ошибки, которые изо дня в день могут казаться несерьезными. Но со временем ущерб может накопиться и разрушить отношения.

Вот обзор каждой ошибки, прежде чем мы погрузимся глубже:

1. Пренебрегать или Игнорировать своего любимого человека

Это происходит чаще, чем большинство людей осознают или любят признавать. Пренебрежение своим любимым человеком начинается незаметно, пока не становится опасным, случайно забывая о том, что твой любимый человек нуждается в дружеском общении, коммуникации, близости, любви и твоем присутствии.

На что это похоже? Ты работаешь долгие дни и выходные, и твой любимый человек говорит: "Давай сходим куда-нибудь поужинать". Ты отвечаешь, что устал и просто хочешь расслабиться. Затем звонит твой друг и говорит, что у них есть два билета на игру. Ты говоришь своему любимому человеку, что тебе нужно расслабиться, поэтому ты пойдешь на игру. Это ты пренебрегаешь потребностью своего любимого человека быть с тобой.

2. Наделенный Правом

Считаешь ли ты, что имеешь право на особое отношение или освобождение от некоторых обязанностей? Разве правила распространяются на всех, кроме тебя? Отношение с позиции правомочности может быть конкурентным преимуществом в некоторых сферах, но оно может убить крепкую связь с твоим партнером.

На что это похоже? Твой любимый человек собирает продукты, готовит ужин, моет посуду и просит тебя вынести мусор. Но ты забываешь об этом. У тебя есть другие дела. Ты занят (смотришь телевизор, идешь на пробежку, разговариваешь с друзьями, проверяешь свои ленты социальных сетей). Разве кто-то другой не может это сделать? Это и есть правомочность. Ты видишь, почему это реальная проблема?

3. Говорить Одно, а Делать Другое

Установление ожиданий, которые потом не оправдываются, может только заставить твоего любимого человека чувствовать себя разочарованным и забытым. Это способ лгать самому себе о том, что ты действительно готов делать или быть в отношениях. Если ты постоянно ненадёжен, то почему твой любимый человек должен доверять твоим словам?

На что это похоже? Ты говоришь: "Я буду дома через час" - и появляешься на три часа позже. Независимо от того, законно ли оправдание (а мы знаем, что оно у тебя есть) или неубедительно, ты все равно установил ожидания, а затем нарушил их. Или ты говоришь: "Я покрашу детскую комнату в эти выходные", а через полгода банки с краской все еще стоят в гараже. Это уже не отношения; ты превратился в плохого соседа по комнате.

4. Ложь и Секреты

Белая ложь и маленькие секреты — это яд для здоровых отношений. Почему они имеют такое большое значение для твоего любимого человека? Потому что твой любимый человек верит в тебя. Он/она должен/должна быть единственным, с кем тебе нужно быть абсолютно честным и делиться всем. (Даже суды так считают, поскольку во многих штатах ты свободен от того, чтобы когда-либо свидетельствовать против своего любимого человека). Ложь и секреты — это большая проблема, потому что это открывает тот клин сомнений, который подпитывает подозрения и страх. Сколько еще лжи или секретов ты хранишь? Они накапливаются и ведут к кризису? В основе этого беспокойства лежит страх любимого человека, что вторая половина его жизни превратилась в человека, которого он больше не знает.

На что это похоже? Член семьи постоянно просит у тебя денег, и вы с второй половиной соглашаетесь, что не можете позволить себе дать ему ни копейки. Затем однажды тебе звонят, и этот член семьи просит у тебя денег в последний раз. Это не очень большие деньги, так что ничего страшного, верно? Ты уступаешь, но не говоришь об этом своему любимому человеку. Проходит несколько недель, твой любимый человек узнает об этом и теряет голову.

Теперь давай исследуем истинные сложности и последствия этих четырех ошибок и то, как они влияют на твои отношения. Это американские горки отношений, и ты увидишь, почему эти ошибки могут стать причиной таких жестких падений.

Ошибка 1:
Пренебрежение или Игнорирование своего любимого человека

Когда любимый человек чувствует, что им пренебрегают, его потребности не удовлетворяются. Разве не было бы здорово, если бы твой любимый человек всегда чувствовал, что его ценят и в нем нуждаются? Я не имею в виду чувство "нужности", потому что они заботятся о тебе в жизни. Я имею в виду "нужный", потому что ты рядом с ними. Имеется в виду твой любимый человек, который знает, что ты без ума от него - чувствует себя не просто нужным, а желанным. Любимый человек, который чувствует, что твоя жизнь вращается вокруг него, никогда не будет чувствовать себя обделенным вниманием. Другими словами, твой любимый человек чувствует, что его любят и ценят, а ты показываешь свою заботу и поддержку о нем.

Есть так много вопросов, которые возникают в повседневной жизни - вопросы семьи, друзей, здоровья, хобби, спорта, детей, работы... Если их решать одной второй половинке, то время и внимание, которое отнимает эта деятельность, может привести к тому, что вторая половинка будет чувствовать себя обделенной вниманием. Но не заблуждайся: пренебрежение происходит из-за того, что ты делаешь выбор, берешь ли ты на себя слишком много или слишком мало. В итоге твоё время и внимание не делится с второй половинкой сбалансированным образом. Тогда получается, что ты считаешь своё время более важным, чем заниматься теми вещами, которые волнуют твоего любимого человека. Они не понимают твоих приоритетов. Ты не понимаешь их. Ты когда-нибудь ловил себя на мысли: "Почему это такая большая проблема? Почему они не могут просто справиться с этим?" Такое отношение задает тон для пренебрежения.

Помни - пренебрежение может закрасться в отношения, но оно происходит от выбора, который ты делаешь каждый день. Если ты сделал такой выбор, пришло время подумать еще раз.

КАК ВЫГЛЯДИТ ПРЕНЕБРЕЖЕНИЕ?

Когда дело касается семьи, принимаешь ли ты в разногласиях сторону своей семьи, а не второй половинки? Когда дело доходит до праздников и событий, ты заставляешь своего любимого человека делать то, чего он не хочет, чтобы ты мог угодить своей семье? Часто ли ты споришь со своим любимым человеком по семейным вопросам и считаешь, что твой любимый человек всё усложняет? Проводишь ли ты больше времени со своей семьёй, чем со своим любимым человеком? Если да, то это пренебрежение.

А как насчет друзей? Делишься ли ты с друзьями большей информацией о своём любимом человеке, чем это необходимо? Приходят ли твои друзья чаще, чем хотелось бы твоему любимому человеку? Чувствуешь ли ты, что твои друзья — это твоя палочка-выручалочка в трудную минуту? Обвиняет ли твоя вторая половина тебя в том, что ты проводишь слишком много времени с друзьями? Если хотя бы один из этих случаев имеет место, то это пренебрежение.

Когда дело доходит до хобби, видеоигр, фэнтези-футбола и спорта, находишь ли ты себя говорящим своей второй половинке: "Мне просто нужно чуть больше времени"? Здорово, если твоя вторая половина тоже увлекается этими занятиями, но как быть с любимым человеком, который таковым не является? Неужели все твое свободное время связано с этими занятиями? В воскресенье утром ты приносишь своему любимому человеку кофе или завтрак? Или ты сидишь перед телевизором и смотришь свой любимый спортивный канал, просматривая вчерашние результаты и сегодняшнее расписание? Ты знаешь всю статистику своих любимых команд, но забываешь о дне рождения или юбилее своего любимого человека? Это пренебрежение.

Если у тебя есть дети, делаешь ли ты свою справедливую долю? Удивительно, сколько раз один и тот же родитель всегда подвозит детей в школу. Казалось бы, в наше время уход за детьми осуществляется 50/50, но нет! Можешь ли ты заниматься с детьми после школы, например, забирать их с музыкальных занятий, футбольных матчей, плавания и домашних заданий? Как ты оцениваешь свою активность? Присутствуешь ли ты или пропадаешь? Если ты автоматически предполагаешь, что твоя вторая половина постоянно заботится обо всём, то ты пренебрегаешь своим любимым человеком.

Останавливаешься ли ты ради своего любимого человека и позволяешь ли ему просто выговориться, когда у него возникают проблемы? Это требует, чтобы ты действительно выделил время из своего напряженного графика и отложил все дела ради своего любимого человека. Считаешь ли ты, что ты просто слишком занят, и если они не хотят сказать что-то важное, то это пустая трата твоего времени? Если ты чувствуешь себя именно так, то ты пренебрегаешь своим любимым человеком.

Когда дело касается работы, ты работаешь слишком много? Есть ли у тебя проблемы с установлением границ между работой и семейной жизнью? Ты когда-нибудь отмахивался от ужина в честь дня рождения твоего любимого человека из-за работы? Это и есть пренебрежение.

Когда ты находишься дома с любимым человеком, он видит тебя уставшим, а не бодрым и полным сил? Считаешь ли ты, что выходные — это твоё время отдыха, когда ты можешь расслабиться, и тебя не стоит беспокоить? Спроси себя, получает ли твой любимый человек только остатки. Если это так, то твой любимый человек может чувствовать себя обделенным вниманием.

Есть ли у тебя такие проблемы, как зависимость или депрессия, или ты страдаешь от травм, полученных в прошлом? У тебя бывают хорошие и плохие дни, а если учесть напряженную рабочую неделю и количество часов, которые ты тратишь на футбол или хобби, у тебя остается не так много времени для своего любимого человека. Если ты настолько загружены, что твоя энергия расходуется полностью, ты в конечном итоге пренебрегаешь своим любимым человеком.

Тебе кажется, что твой любимый человек все время злится? Может быть, твой любимый человек не хочет втискивать романтику и близость в твой напряженный график, как раньше. Тебе кажется, что тебя наказывают, и ты не можешь понять, за что? Если ты задаешься вопросом, что не так с твоим любимым человеком, обрати внимание на то, что ты не уделяешь ему должного внимания.

Легко стать настолько занятым, что в конечном итоге пренебрегаешь своим любимым человеком, и даже не замечаешь этого. Если бы ты был внимателен, ты бы уловил признаки того, что твой любимый человек чувствует себя обделенным вниманием и игнорируемым. Слышал ли ты: "Пожалуйста, не бери телефон за стол" или "Не бери ноутбук в постель" или "Пора ложиться спать - пожалуйста, выключи телевизор" или "Пожалуйста, приходи сегодня домой пораньше, у нас годовщина" или "Пожалуйста, помогай больше"? Это нелегко услышать. Проще отвлечься и заняться другими делами. Через некоторое время твой любимый человек просто перестает просить.

Я полагаю, что большинство вторых половинок разумны, и они дают тебе гораздо больше свободы действий, чем ты, возможно, хочешь признать. Но, откровенно говоря, большую часть времени ты так занят, что не замечаешь, как часто совершаешь ошибку, блокируешь просьбы любимого человека, а потом даешь отговорки.

Ты когда-нибудь задумывался, почему твой любимый человек, кажется, всегда так злится, а потом выходит из себя? Это потому, что с них достаточно.

Только когда они теряют самообладание, ты притормаживаешь ради своего любимого человека и проявляешь заботу. Как только кризис заканчивается, ты возвращаешься к прежним плохим привычкам. Итак, какой ты спутник? Ты активный или пассивный человек? Удовлетворяешь ли ты эмоциональные потребности своего любимого человека и присутствуешь ли ты при этом? Как часто ты приходишь домой с работы, ложишься на диван, включаешь телевизор и отключаешься? Или ты приходишь домой и заботишься о том, что нужно твоему любимому человеку?

Вполне естественно, что твоему любимому человеку нужно думать, что ты без ума от него, любишь его, считаешь его потрясающим и нуждающимся в нём. Такова человеческая природа. Твой любимый человек поставил на тебя всю свою жизнь. Ты был их выбором. Итак, заботишься ли ты о своем любимом человеке так, чтобы показать, что он/она сделал/а правильный выбор?

Если эти ошибки продолжаются уже долгое время, значит, они запустили одну или все Четыре стадии упадка отношений. Об этих стадиях ты узнаешь в следующей главе. Эти стадии могут изменить твою вторую половину из того, с кем ты впервые встретился, в человека, который больше не хочет быть с тобой в отношениях. Чем больше ты пренебрегаешь и игнорируешь своего любимого человека, тем больше он будет меняться, чтобы защитить свои эмоции. Именно поэтому я говорю, что ты находишься в корне проблемы. Как только ты открыл глаза, пришло время изменить свой выбор, чтобы исправить ситуацию, иначе ты можешь однажды проснуться и даже не узнать человека, которого ты называешь своей второй половиной.

ПРИМИ МЕРЫ: ПРИСУТСТВУЙ

Начни утро с того, что принеси своему любимому человеку кофе. Сделай плохой день лучше для своего любимого человека, когда он возвращается домой, поприветствовав его у двери бокалом вина или, что еще лучше, приготовь ужин. Знаешь, почему люди любят собак? Потому что, когда ты приходишь домой, они обычно приветствуют тебя, виляя хвостом, радуясь встрече с поцелуями. Ты уловил мою мысль? Когда ты дома, проявляй активность!

Никакого компьютера, телефона и смс. Чаще говори своему любимому человеку, что ты скучаешь по нему. Проводи с ним качественное время, помогай ему мыть посуду, составляй список дел, помогай детям с домашним заданием и устраивай совместное времяпрепровождение у телевизора. Это означает передачу пульта, чтобы смотреть то, что они хотят смотреть. Устройся поудобнее и начни разговор один на один. Пусть они расскажут о том, как прошел их день - всего десять минут в день, чтобы расслабиться.

Для десятиминутного инструмента, который поможет твоей второй половине чувствовать связь, любовь и уверенность, заходи на сайт

www.тыправаяошибаюсь.ru.com

РЕШЕНИЕ: СБАЛАНСИРОВАННЫЕ ОТНОШЕНИЯ

В твоей жизни каждый из партнёров берёт на себя общую ответственность и имеет честь поддерживать друг друга. Многие люди научились работать в команде в бизнесе, и эти навыки можно применять дома.

В любящих отношениях поддержка требует нести эмоциональный груз жизни твоего любимого человека, справляясь при этом с собственным стрессом. Прекрасно то, что отношения настроены на успех, когда любовь, привязанность и понимание взаимны. С разговорами приходит связь. В свою очередь, твой любимый человек сохраняет здравый рассудок, формирует более значимую связь с тобой и в ответ работает над удовлетворением твоих потребностей. Когда ты прилагаешь усилия, твой любимый человек чувствует уверенность в том, что ты прикрываешь его спину. Это и есть отношения. Оно заключается в том, чтобы давать и брать - а не только брать. Разделяя трудности и празднества твоего любимого человека, ты создашь близость. Ты приблизишься к тому, чтобы жить сбалансированной жизнью. Если это означает, что ты не можешь играть в фэнтези-футбол из-за своего расписания, или тебе приходится бежать в семь утра за молоком для детей, или тебе приходится уходить с работы пораньше, потому что ты нужен своему любимому человеку, то так тому и быть. Цель состоит в том, чтобы создать сбалансированные отношения.

Ошибка 2: Наделенный Правом

Определение равенства — это состояние быть равным, особенно в отношении статуса, прав и возможностей. Поэтому вопрос заключается в следующем: Есть ли у тебя в отношениях чувство права? Если ты зарабатываешь больше денег, чем твой любимый человек, считаешь ли ты, что это дает тебе право на лучшее обращение, чем ты даешь ему? Считаешь ли ты, что работаешь больше или нуждаешься в больших перерывах, чем твой любимый человек? Приходится ли ему возвращаться домой на другую работу с полной занятостью, которая заключается в том, чтобы заботиться о тебе?

Если твой любимый человек заботится обо всех тех замечательных вещах, которые ты любишь и ради которых много работаешь, а ты не делаешь того же, то, скорее всего, ты воспринимаешь своего спутника как должное. Но кто дал тебе право не заботиться в равной степени о своем любимом человеке?

Являются ли споры нормой в ваших отношениях, происходят ли они чаще, чем вы оба можете вынести? Если это так, то тебе нужно докопаться до того, из-за чего происходят ссоры. Дело в том, что ты тратишь слишком много денег? Или тебя никогда не бывает дома? Или ты никогда не помогаешь достаточно? Реальность такова, что тебе нужно обратить внимание не только на свой рабочий график, но и на график твоего любимого человека. Если твой любимый человек работает долгую неделю, то тебе нужно больше времени уделять домашним делам. Если ты работаешь больше часов, твоему любимому человеку нужно делать то же самое. Если у твоего любимого человека выдаются тяжелые недели, а потом он приходит домой и делает большую часть работы по дому, то это просто несправедливо. Это чувство права, и это проблема, которую нужно прекратить.

Предположим, ты кормилец в семье. Это замечательно. Главный вопрос в том, уважаешь ли ты своего любимого человека? Считаешь ли ты, что все основные решения принимаются тобой или вместе, как при партнерстве? Если все решения принимаешь ты, то где здесь равенство? Как это справедливо? Как это может быть? Если ты хоть на минуту подумаешь, что все значимые решения должен принимать ты, то в итоге получишь любимого человека, наполненного обидой.

Если это твоя ситуация, и ты думаешь, что твой любимый человек не против, у меня для тебя есть новости. Ты сам себя обманываешь. У всех спутников есть потребность быть услышанными и уважаемыми. Дело не в том, насколько ты влиятелен или сколько денег ты зарабатываешь. Им попросту все равно. Дома ты просто являешься любимым человеком. Они знают настоящего тебя. Сделай это правильно и убедись, что у вас равноправные отношения.

Что справедливого в ситуации, когда твой любимый человек работает так же усердно, как и ты, но при этом ты по-прежнему крепко держишься за эту карту прав? Где же отношения 50/50? Это похоже на неудачную сделку.

Возможно, у тебя в мозгу одновременно происходят десятки вещей. Это может быть работа, планы на выходные, футбол, гольф или семейное давление. Ты настолько занят, что единственный раз, когда у тебя есть возможность посмотреть статистику игроков, - это когда ты в туалете. Ты возвращаешься домой с работы, и все, что ты хочешь сделать, - это расслабиться. Ты усаживаешься перед телевизором, просишь своего любимого человека принести тебе пива и чувствуешь право на время простоя, даже не замечая его существования. Правда?

ПРИМИ МЕРЫ: БУДЬ СПРАВЕДЛИВЫМ

В следующий раз, когда ты придешь домой, возьми за привычку, что первое, что ты должен сделать, это найти своего любимого человека, поцеловать его и сказать ему что-нибудь приятное. У всех нас бывают хорошие и плохие дни. Возьми за привычку обращать внимание на то, как прошел день твоего любимого человека. Если ты считаешь, что у него был плохой день, то начни проявлять больше заботы. Пусть твой любимый человек полежит на диване, пока ты займешься ужином и посудой.

Используй свои хорошие дни и возьми под полный контроль всё - готовку, уборку, стирку и покупку продуктов. Если ты не знаешь, как выполнять эти задачи, зайди на YouTube(Ютуб) и разберись в этом. Я верю в тебя! Я бываю ошарашен, когда умные люди говорят что-то вроде: "Я не знаю, как запустить посудомоечную машину или пылесос", при этом утверждая, что они так много знают обо всем остальном. Деньги - это не ключ к сердцу твоего любимого человека. А вот участие и помощь - да.

РЕШЕНИЕ: РАВНОПРАВНЫЕ ОТНОШЕНИЯ

Это должны быть равноправные отношения. Равенство не означает, что вы равны во всех аспектах отношений. Это невозможно. У тебя есть определенные уникальные наборы навыков, а у твоего любимого человека - свои. Равноправные отношения возникают тогда, когда ты понимаешь это и договариваешься о том, кто и что будет делать, исходя из индивидуальных навыков. Цель состоит в том, чтобы объединиться.

Если твой любимый человек отлично разбирается в финансах или налогах, это его работа. Если ты лучше замечаешь детали по дому, сделай это своей работой. Но делай это справедливо. Если твоя работа занимает один час, а его - пять, тебе нужно подкинуть другие задачи, чтобы все было поровну.

Пересмотри все домашние дела, финансы, детей и все виды деятельности, необходимые для жизни вдвоем. Определи, кто из вас лучше справляется с данной деятельностью, и будь справедлив. Взаимно разделите задачи, исходя из времени. Убедись, что вы оба согласны. Разделите задачи на основе набора навыков и придерживайтесь плана. Ты занимаешься своей деятельностью, а твой любимый человек - своей. Если ты пропускаешь свои обязанности и ожидаешь, что твой любимый человек справится со всеми задачами, то твой любимый человек имеет право объявить домашнюю забастовку. Пришло время перестать брать и больше отдавать.

Если ты завален работой и пытаешься вписать все свои занятия спортом и хобби в свой сумасшедший график на ближайшие несколько месяцев, сократи некоторые из этих занятий, чтобы выкроить время для своего любимого человека. Как только работа замедлится, включай свои хобби и спорт, пока есть время для твоего любимого человека. В первую очередь помни о своем партнере, а все остальное - потом. Ведь если ты когда-нибудь потеряешь работу, пропустишь игру или неудачно проведёшь вечер, у тебя будет вторая половинка, к которой ты сможешь вернуться домой. Они будут рядом с тобой и в хорошие, и в плохие времена.

Ошибка 3: Говорить Одно, а делать другое

Как часто ты говоришь, что собираешься что-то сделать, и не доводишь дело до конца? Говоришь ли ты своему любимому человеку, что собираешься что-то сделать, а потом забываешь? Например, собираешься забрать детей из школы, а потом звонишь и говоришь, что забыл, потому что твой день стал таким сумасшедшим, и спрашиваешь, сможет ли он/она это сделать? Как должен чувствовать себя твой любимый человек, когда ты говоришь, что будешь дома к ужину, но опаздываешь, снова и снова? Какие сомнения и обиды ты сеешь в сердце и разуме своего любимого человека?

А как насчет того, когда ты сказал, что позаботишься о чем-то, но забыл? Ты имел это в виду, когда говорил, но позволил себе отвлечься по причине, которая поставила твои потребности выше обязательства, которое ты только что взял на себя. Как ты думаешь, может ли это дать твоему любимому человеку ложное чувство надежды? Как должен чувствовать себя твой любимый человек? Разочарованным? Опечаленным? Рассерженным? Или быть в ужасе? Чувствуют ли они, что ты откровенно лгал, манипулировал или предал их? Доверяют ли они всему, что ты говоришь? Помоги мне в этом вопросе: Что они должны чувствовать? Как бы ты себя чувствовал?

Все те случаи, когда ты не доводишь дело до конца, могут заставить любимого человека почувствовать себя обделенным. Что бы ты ни делал, это было гораздо важнее, чем быть верным своему слову. В отношениях, в которых один из родителей остается дома и ухаживает за детьми, это может вызвать гнев или ревность. Кажется, что ты по-прежнему распоряжаешься своим временем, выходишь на улицу и по-прежнему занимаешься тем, что тебе нравится делать. Между тем, их жизнь — это пребывание дома, чтобы убедиться, что семья работает, с небольшим или полным отсутствием времени на одиночество, развлечения или общения с друзьями?

Всё сводится к следующему: Чувствует ли твой любимый человек себя уверенно в ваших отношениях? Даёшь ли ты им повод чувствовать, что в твоей жизни происходит что-то другое, более важное, чем они? Если твой любимый человек чувствует себя разъединённым, то со временем он может превратиться в любимого человека, которого ты больше не знаешь. Тот весёлый, любящий и заботливый любимый человек, в которого ты влюбился, покинет здание. Любовь, которую он/она испытывали к тебе, будет похоронена из-за необходимости защитить себя от боли.

Такое обращение сильно бьёт по самооценке любимого человека. Человек, который не чувствует себя любимым, может просто перестать за собой следить, так как ты подпитываешь его низкую самооценку своими односложными комментариями о весе, внешности или о том, что он никогда не заботится о себе. Они могут чувствовать себя старыми и не такими красивыми, как раньше. Знание того, что ты на работе общаешься с более молодыми и привлекательными людьми в самую активную часть дня, только усугубляет ситуацию.

Как ты думаешь, могут ли ложные ожидания, которые ты бросаешь своему любимому человеку, повлиять на его эмоциональное здоровье? Вместо того чтобы чувствовать себя несчастными, им нужно снова ощутить себя любимыми благодаря твоим подбадриваниям, принятию и ободрению. Дошёл ли твой любимый человек до той стадии, когда он уже не злится, потому что знает, что не может на тебя рассчитывать? Считает ли он, что проще сделать задачу или занятие самому и даже не привлекать тебя?

Одно из последствий для любимого человека, потерявшего чувство безопасности, - это проблемы со здоровьем, такие как увеличение веса, депрессия и низкая самооценка. Они теряют мотивацию заниматься спортом, бегать или заниматься йогой, планировать здоровое питание и заботиться о себе другими способами.

Правда в том, что когда ты испытываешь стресс и истощение, твоя ментальная сила воли истощается. Когда твоя сила воли сильна, ты способен сопротивляться определённым вещам, потому что знаешь, что это неправильно. Но когда тебе не хватает силы воли из-за истощения и стресса, ты можешь съесть весь этот чизкейк и наслаждаться этим. Утром ты будешь ненавидеть себя, но это реальная вещь. Когда сила воли пропадает, выживших не остается. У тебя остается только потребность потакать себе, чтобы полностью заполнить пустоту печали, потому что у тебя нет сил сделать правильный выбор.

ПРИМИ МЕРЫ: БУДЬ ХОРОШИМ ПАРНЕМ

Твоя задача - уменьшить стресс своего любимого человека. Взятие на себя обязательств и их соблюдение — это основное требование. В следующий раз, когда ты скажешь своему любимому человеку, что собираешься почистить гараж, покрасить детскую комнату, закончить террасу во внутреннем дворике или починить машину, сделай это. Надень наушники, послушай игру и сделай это.

Подумай обо всех вещах в жизни, в которых может присутствовать тот или иной стресс. Прислушайся к тому, что твой любимый человек рассказывает тебе о том, что вызывает у него стресс. Не подвергай сомнению их реальность. Твоя задача - поверить им и приложить усилия, чтобы уровень стресса твоего любимого человека был минимальным.

Послушай, главное, чтобы любимый человек был счастлив. Потом ты можешь пойти и сыграть партию в гольф или погулять с друзьями. Это смена приоритетов, но если ты сделаешь эти изменения, то у тебя появятся дополнительные преимущества, на которые ты не будешь жаловаться.

Итак, помни: когда ты говоришь, что придешь домой в определенное время, будь дома в это время. Если у вас возник конфликт по поводу времени, твой единственный выбор - либо облегчить жизнь, либо усложнить. Почему ты должен решать больше проблем, чем нужно? Пришло время тебе самому начать снимать тренировочные колеса, обращать внимание на часы и приходить домой, как обещал.

РЕШЕНИЕ: НАДЕЖНЫЕ ОТНОШЕНИЯ

Если ты будешь поддерживать чистую репутацию, как и обещал, у тебя будет довольный любимый человек. Ты создашь сильного и надежного любимого человека. Это даст тебе свободу делать то, что ты хочешь, не беспокоясь о последствиях, когда ты вернешься домой.

Подумай обо всем хорошем, что ты можешь сделать, выполнив свой список "Необходимых дел". Думай о времени, которое ты тратишь на выполнение работы, так, словно это вложение денег в банк. Ты зарабатываешь доброжелательность, и чем больше ты положишь в банк, тем больше вернётся к тебе от благодарного любимого человека. Если твой банк доброжелательности пуст, а ты хочешь снять, то у тебя будет сумасшедший любимый человек. Но если у тебя есть доброжелательность в банке, то иди и получай удовольствие.

Я слышал, как люди жаловались, что нет смысла заканчивать список дел, потому что твой любимый человек будет продолжать его пополнять. Это неправда. Обычно твой любимый человек будет продолжать жаловаться на одни и те же незавершённые задачи снова и снова. Думай о списке "Необходимых дел" как о стикерах на лбу твоего любимого человека. Пока эта задача не выполнена, стикер всё ещё будет там, и он будет раздражать, пока его не уберут. Когда ты выполнишь задачу, тогда он исчезнет. Ты можешь называть напоминания своего любимого человека придирками. Если ты говоришь, что никогда не сможешь сделать своего любимого человека счастливым, то это ложь. Избавь своего любимого человека от стикеров, и жалобы исчезнут.

О, кстати, ты можешь выполнять задания своего любимого человека, но помни, что это и твой дом тоже. Когда ты выполнишь задания, ты тоже сможешь теперь наслаждаться своим прекрасным домом.

Удивительно то, что на обдумывание и разработку стратегии того, как увильнуть от работы, уходит больше энергии, чем на то, чтобы сделать это на самом деле. Другими словами, сделай привычкой бросать все свои дела, когда твоему любимому человеку нужна твоя помощь; никогда не говори "через минуту". Просто встань и сделай это немедленно. Когда закончишь, вернись к тому, что ты делал. Если ты выработаешь в себе привычку просто немедленно выполнять требуемую задачу, то не только твой любимый человек будет счастлив, но и ты сам обнаружишь, что можешь делать то, что тебе хочется. Только когда основные потребности твоего любимого человека удовлетворены, могут быть удовлетворены и твои основные потребности.

**Совет "не спрашивай, не говори" –
не подходит для отношений.**

Ошибка 4: Ложь и Секреты

Существует два типа лжи: белая ложь и серьезная ложь. Белая ложь распространена, обычно ее говорят, чтобы оградить нас от небольших неприятностей или даже заставить кого-то чувствовать себя хорошо. Белую ложь иногда называют выдумыванием. "Это из-за пробок", - говоришь ты, опаздывая на встречу, вместо того чтобы признаться, что проспал. "Меня повесили на работе", - говоришь ты, когда на самом деле ты гулял с приятелями и пил пиво.

Серьезную, меняющую жизнь ложь или секреты сложнее всего честно рассказать, потому что ты боишься, что твой любимый человек уйдет. Я говорю о вещах, которые могут разрушить жизнь, таких как зависимость или двойная жизнь. Неважно, насколько хорошо, как тебе кажется, ты умеешь это скрывать, твои карты так или иначе будут раскрыты. Любимый человек лучше всего умеет сложить два и два. Он знают тебя и твои привычки. Поэтому, когда что-то в твоей личности или привычках меняется, это посылает красный флаг, который делает любимого человека сверхчувствительным к новым несоответствиям.

Личная жизнь тесно связана с понятием тайны. Есть ли у тебя проблемы с установлением границ с друзьями и семьей? Делишься ли ты частной информацией о своем любимом человеке (неважно, хорошей или плохой) и считаешь ли это нормальным? Рассказываешь ли ты друзьям о своей сексуальной жизни с любимым человеком? Тебе нужно установить с любимым человеком правила, касающиеся того, насколько комфортно он себя чувствует, чем ты можешь или не можешь делиться и как ты этим делишься. Это включает в себя размещение изображений или информации в социальных сетях.

Есть ли у тебя образ жизни, отличающийся от образа жизни твоего любимого человека? Любишь ли ты ходить в бары, общаться с друзьями и семьей? Ты бы приглашал их к себе постоянно, если бы мог? Любишь ли ты рассказывать истории о своей жизни и быть открытым во всём, в то время как твой любимый человек предпочитает не распространяться на эту тему?

Ты слишком раздуваешь свои достижения? Все ли в твоих историях немного больше и ярче, чем было в реальной жизни? Когда такое преувеличение становится привычкой, оно может превратиться в форму лжи, которая заставит твоего любимого человека задуматься, в чем еще ты не правдив.

Ты не отрываешься от телефона, переписываясь за обеденным столом или в постели? Является ли твоё пожелание спокойной ночи поцелуем, или ты пропускаешь поцелуй, чтобы нажать последнюю кнопку отправки? Не нарушает ли твой разговор с "друзьями" в социальных сетях или погоня за "лайками" ту близость, которую ты должен оберегать для своего любимого человека?

Именно здесь необходимо установить правила, границы и стратегии. Они должны быть согласованы и соблюдаться, чтобы отношения работали. Если правила нарушаются, то и доверие тоже. Одна из самых безумных вещей, которую нужно осознать, заключается в том, что ты можешь быть со своим любимым человеком вечно (или так кажется), но это не значит, что ты автоматически узнаешь его. Ты никогда не выяснишь, что их раздражает, если не будешь проводить с ними качественное время и не будешь с ними взаимодействовать.

Есть ли ощущение, что ты постоянно борешься за любовь своей второй половинки? Если ты не общаешься со своим любимым человеком, ты можешь не знать, что некоторые реакции происходят от прошлых травм. Это такой секрет, который человек хранит из крайней необходимости выжить. Если кто-то подвергался насилию в детстве, он мог глубоко похоронить эту проблему. Это может быть даже секретом для них. Если эта проблема никогда не решалась, ты можешь расплачиваться за это, сам того не зная.

ПРИМИ МЕРЫ: БУДЬ ПРИВЕРЖЕННЫМ

Пойми, что уличить вас во лжи, выдумке или преувеличенной правде может быть гораздо серьезнее, чем ты думаешь. Позже ты узнаешь, что это играет на основных потребностях твоего любимого человека. Это запускает серию красных флажков, которые ставят под сомнение твою честность и надежность. Это основано на том, что твой любимый человек думает о большой лжи, которую он упускает, если ты мог бы солгать о какой-то мелочи. Если не говорить всю правду, это может скатиться в полное разрушение доверия. Твой любимый человек надеется и всегда будет хотеть верить, что ты тот любимый человек, которому можно доверять и на которого можно рассчитывать. Обманывая, ты не только разрушишь целостность отношений, но и можешь разрушить отношения. Достаточно ли ты взрослый, чтобы признать, что был неправ, извиниться и попросить прощения, когда совершаешь ошибку?

РЕШЕНИЕ: ДОВЕРИТЕЛЬНЫЕ ОТНОШЕНИЯ

Белая ложь - это путь к тому, чтобы хранить секреты и говорить еще большую ложь. Вот почему иногда любимый человек реагирует таким экстремальным образом, а ты думаешь, что он просто перегнул палку. Они не могут поверить, что ты думал, что это сойдет тебе с рук. Твой любимый человек тратит много времени на то, чтобы стать экспертом в познании тебя. Поэтому, когда ты лжешь, твой любимый человек может это почувствовать. Он может не хотеть в это верить или обращать на это внимание, но он знает.

Когда невинное доверие разрушено, это все равно что пытаться приклеить лепестки к розе. Возможно, тебе удастся приклеить их, но цветок уже никогда не будет прежним.

Чем больше сомнений у твоего любимого человека, тем больше ему придется выслеживать и допрашивать тебя. Теперь им нужно знать твое местонахождение, чтобы проверить твой телефон или электронную почту. Когда ты по той или иной причине запускаешь основную потребность своего любимого человека в доверии, просто помни, что это твоя вина, что они не могут тебе доверять.

Если ты изменился и предан своему делу, есть быстрый способ вернуть часть доверия своего любимого человека. Он заключается в том, чтобы быть открытой книгой, и ты прочитаешь об этом в главе 6. Сделай так, чтобы твой любимый человек чувствовал себя в безопасности. Пусть он знает, где ты находишься в любое время суток, и дай ему доступ к твоему телефону и паролям. Пойми, что это займет много работы и времени - иногда годы - и что ты потерял свои права на ту свободу, которую когда-то имел в отношениях. Это может показаться трудным, но честность освободит тебя!

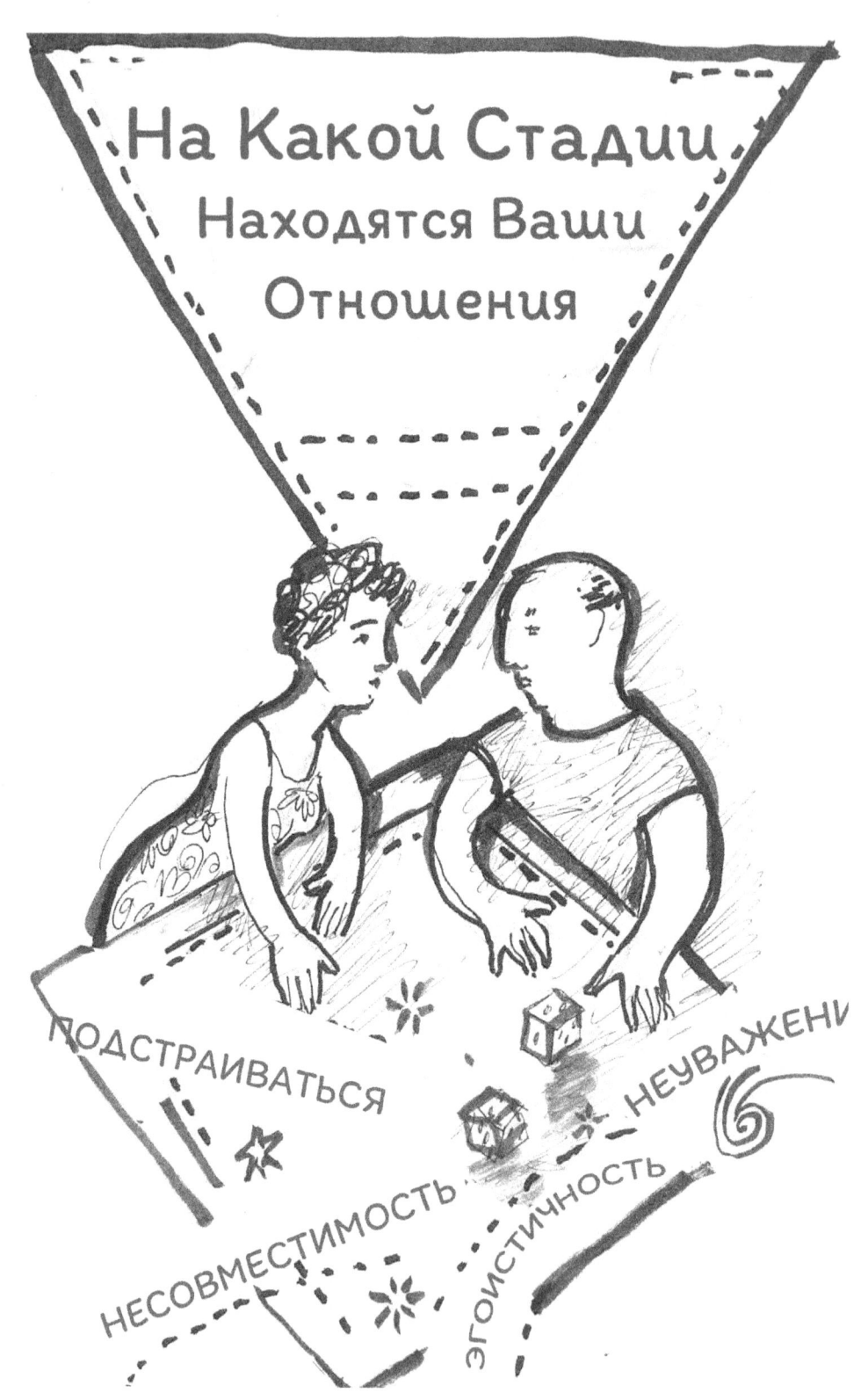

Глава 3:
Четыре Ступени, через которые проходит твой любимый человек в процессе ухудшения отношений

Прежде чем показывать пальцем, загляни внутрь себя.

Ты узнал ошибки, которые сводят отношения с пути. Ты сам можешь привести к тому, что твои отношения выйдут из-под контроля, когда ты пренебрегаешь или игнорируешь своего любимого человека, устанавливаешь ложные ожидания, чувствуешь себя вправе, или говоришь ложь и хранишь секреты. Со временем, если любая из этих ошибок станет вредной привычкой, она заставит твоего любимого человека все больше и больше защищать себя от боли и разочарования.

Чтобы твой любимый человек сохранил рассудок, он должен защищать себя. Это автоматический спусковой крючок, который срабатывает, когда твой любимый человек чувствует, что выхода нет. Вот два способа подумать об этом:

Первая метафора — это щелкнуть выключателем. Родители осваивают щелканье выключателем с детьми. Когда они требуют или кричат, родители учатся щелкать выключателем (или сходить с ума). Щелкая выключателем, ты находишь способ игнорировать безумие, чтобы сохранить рассудок.

Вторая метафора — это кирпичная стена. Каждый раз, когда обещание нарушается, твой любимый человек защищает свое разочарование, добавляя кирпич к своей стене. Чем больше кирпичей на стене, тем меньше они могут пострадать от несбывшихся ожиданий.

Ты видел, как твой любимый человек щелкает выключателем, чтобы отключиться от твоей бессмыслицы. Когда по дому так много вещей, которые были оставлены без внимания. Или когда ты постоянно жалуешься на то, что не можешь проводить достаточно времени с друзьями или не хватает времени на игры.

Когда ты говоришь, что собираешься что-то сделать, и не делаешь, твой любимый человек добавляет кирпич к своей стене. Чем выше стена, тем меньше они рассчитывают на то, что ты сделаешь то, о чем говоришь. Если ты внимателен, то момент разочарования или досады на лице твоего любимого человека — это момент, когда кирпич просто стал выше.

Теперь я могу ответить на твой вопрос: Если твой любимый человек настолько несчастен с тобой, почему он остался? Во-первых, они отщелкнули свой выключатель, чтобы сохранить здравомыслие. Во-вторых, они чувствуют себя защищенными за своими стенами.

Когда отношения находятся в состоянии напряжения и перегружены проблемами реальной жизни, это может привести к ссорам и разрыву отношений. Именно тогда это становится проблемой твоего счастья и счастливой жизни. Когда отношения отличные, с плохими привычками обычно можно мириться. Когда отношения разлажены, любая плохая привычка начнет раздражать твоего любимого человека в геометрической прогрессии. Когда твой любимый человек критикует тебя, начинаешь ли ты чувствовать себя под контролем? Почти как будто ты потерял свободу делать то, что хочешь? В этот момент отношения подвергаются такому давлению, что твой любимый человек чувствует себя потерявшим контроль.

Хорошая новость заключается в том, что твой любимый человек хочет верить, что он не совершил ошибку, выбрав тебя. Он надеется, что эмоциональная связь, которая угасла, может быть возрождена потрясающим образом.

Ты должен поддерживать отношения различными способами, как ты поддерживаешь бензобак своего автомобиля. Когда ты заправляешь бак, подумай о чувстве удовлетворения, которое ты испытываешь, когда запрыгиваешь на водительское сиденье. Ты смотришь на указатель уровня топлива и видишь, что иголка идеально держится над "F", указывая на то, что ты готов к поездке. Что происходит дальше? Заправка бака больше не является заботой. Ты можешь сосредоточиться на решении более насущных вопросов. Верно? И все же, спустя, казалось бы, совсем немного времени, ты в конце концов смотришь вниз и видишь, что находишься в опасной близости от отметки "Е". Ты пренебрег осознанием того, что происходит перед твоим носом каждый божий день. И какова твоя реакция почти каждый раз? Ты качаешь головой и спрашиваешь: "Что, черт возьми, случилось со всем этим газом?!". Звучит знакомо?

Давай применим ту же метафору к отношениям. Как и в бензобаке, в отношениях бывают моменты, когда вы, как любящие люди, прилагаете все усилия, чтобы сделать своего любимого человека счастливым. Однако, подобно пустому бензобаку, прилагаешь ли ты усилия только тогда, когда чувствуешь, что отношения находятся на "Е"? Неужели ты просто ждёшь, пока эти важные для пар календарные даты пройдут в одно и то же время каждый год, прежде чем проявить настоящую любовь и привязанность к своему любимому человеку? Дни рождения, День святого Валентина, Рождество, юбилеи... Это - само собой разумеющееся, когда речь идёт о внимании, но какие усилия ты прилагаешь, чтобы показать своему любимому человеку, что он особенный, каждый второй день в году?

Но подожди - не вкладывай все свои усилия в такие предсказуемые вещи, как покупка подарков. Если ты думаешь: " Хорошо, теперь мне хватит до следующего раза", то ты упустил суть. Что? С каких пор только календарь диктует, когда ты должен вкладываться в счастье своего любимого человека?

Что если бы ты взял за правило заправлять свой бензобак каждый раз, когда видишь, что он наполовину полон? У тебя всегда было бы достаточно топлива, чтобы делать необходимые вещи, и твоя машина никогда бы не глохла. Аналогично, что если бы ты постоянно заправлял "бак" ваших отношений? Почему бы не добавлять эти маленькие жесты любви и привязанности то тут, то там в ваши отношения каждую неделю? Черт, почему бы не делать это каждый день?

Простое ежедневное осознание этого топливного датчика отношений может заставить тебя реагировать соответствующим образом. На что это похоже? Делай комплименты, обнимай и целуй своего любимого человека, когда он просыпается, делай ему кофе по утрам и говори, как сильно ты его любишь. Когда твой любимый человек приходит домой, приготовь ужин или поприветствуй его у двери бокалом вина после долгого дня. Найми няню для детей и пригласи своего любимого человека на свидание. Не забудь открыть для него дверь.

Помни, что каждый жест не обязательно должен быть грандиозной демонстрацией. Он просто должен показать твоему любимому человеку, что ты думаешь о нем и его счастье. Именно мелочи имеют значение.

Я знаю, знаю. У тебя миллион дел, и иногда ты пускаешь ваши отношения на самотек. Такое случается. На самом деле во многих обстоятельствах никто не виноват. Жизнь случается. Но это становится твоей виной, когда ты позволяешь отношениям зайти слишком далеко и пренебрегаешь тем, чтобы вернуть их на первое место в списке своих приоритетов. Именно так ты поддерживаешь НАПОЛНЕННОСТЬ БАКА ЛЮБВИ. Когда ты уверен, что твои отношения находятся в хорошем состоянии, все эти внешние обязательства становятся гораздо менее напряженными.

Если отношения достигли своего апогея, но ты все еще хочешь их сохранить, есть способы, которыми ты можешь повернуть все вспять. Начни с себя. Прежде чем показывать пальцем, загляни внутрь себя. Ты не можешь позволить вашим отношениям становиться несовместимыми!

Человеческая природа такова, что ты начинаешь принимать решения о том, насколько ты заинтересован в своей второй половинке, а она в тебе. Когда твоя вторая половинка чувствует себя разъединенной, это является началом изменений отношений в худшую сторону. Это автоматический режим выживания, и он настолько прост, как и то, когда твой любимый человек сбрасывает свои ожидания. Эта перезагрузка запускает четыре стадии, через которые пройдет твой любимый человек, чтобы выжить в ваших отношениях, даже если они ухудшаютсяа.

Стадия 1: Они Привыкают
Стадия 2: Они становятся Эгоистичными
Стадия 3: Они Отдаляются друг от друга
Стадия 4: Вы становитесь Несовместимыми друг с другом

Идеальные отношения можно
найти между двумя несовершенными людьми,
которые отказываются сдаваться в борьбе друг за друга.

ПОДСТРАИВАТЬСЯ

Стадия 1:
Они Привыкают

Стадия адаптации — это когда твой любимый человек уже не может рассчитывать на твою помощь. Они изменяют свои ожидания и начинают заботиться о вещах сами. Одна проблема НЕ разрушает отношения, но если они становятся закономерностью, то эти незначительные вещи начинают превращаться в снежный ком более значительных проблем.

Лесные пожары не возникают просто так; всегда есть разжигатель, который их начал. Как только искра разгорается, она может быстро распространиться. Именно постоянное повторное появление этого разжигания в твоей жизни и начинает эти огненные споры, заставляя твоего любимого человека вносить коррективы в отношения. Быть прилежным в том, чтобы заботиться о просьбах своего любимого человека по мелочам, просто необходимо. Как говорится в русской поговорке: "И малая искра сжигает города". И если ты попал в шаблоны плохих привычек в отношениях, только ты можешь предотвратить то, что ваши отношения пойдут дымом.

Другая форма привыкания — это отгораживание от тебя. Твой любимый человек может отключиться (слух, зрение и желание романтики), щелкнув выключателем. У твоего любимого человека есть этот инструмент. Если у вас есть дети, то твой любимый человек, скорее всего, уже довел его до совершенства. Это охлаждающий механизм, который не дает им взорваться.

Выключатель может быть механизмом выживания, но в итоге он очень похож на манипуляцию. Когда твоего любимого человека обижают, он сознательно или неосознанно наносит удар, обычно потому, что чувствует необходимость в самозащите. Если твой любимый человек чувствует себя обиженным, он может быть более склонен отказывать тебе в том, что тебе нравится, например, манипулировать интимными отношениями, чтобы заставить тебя подчиниться. Кроме того, твой любимый человек может просто полностью отключиться эмоционально и физически.

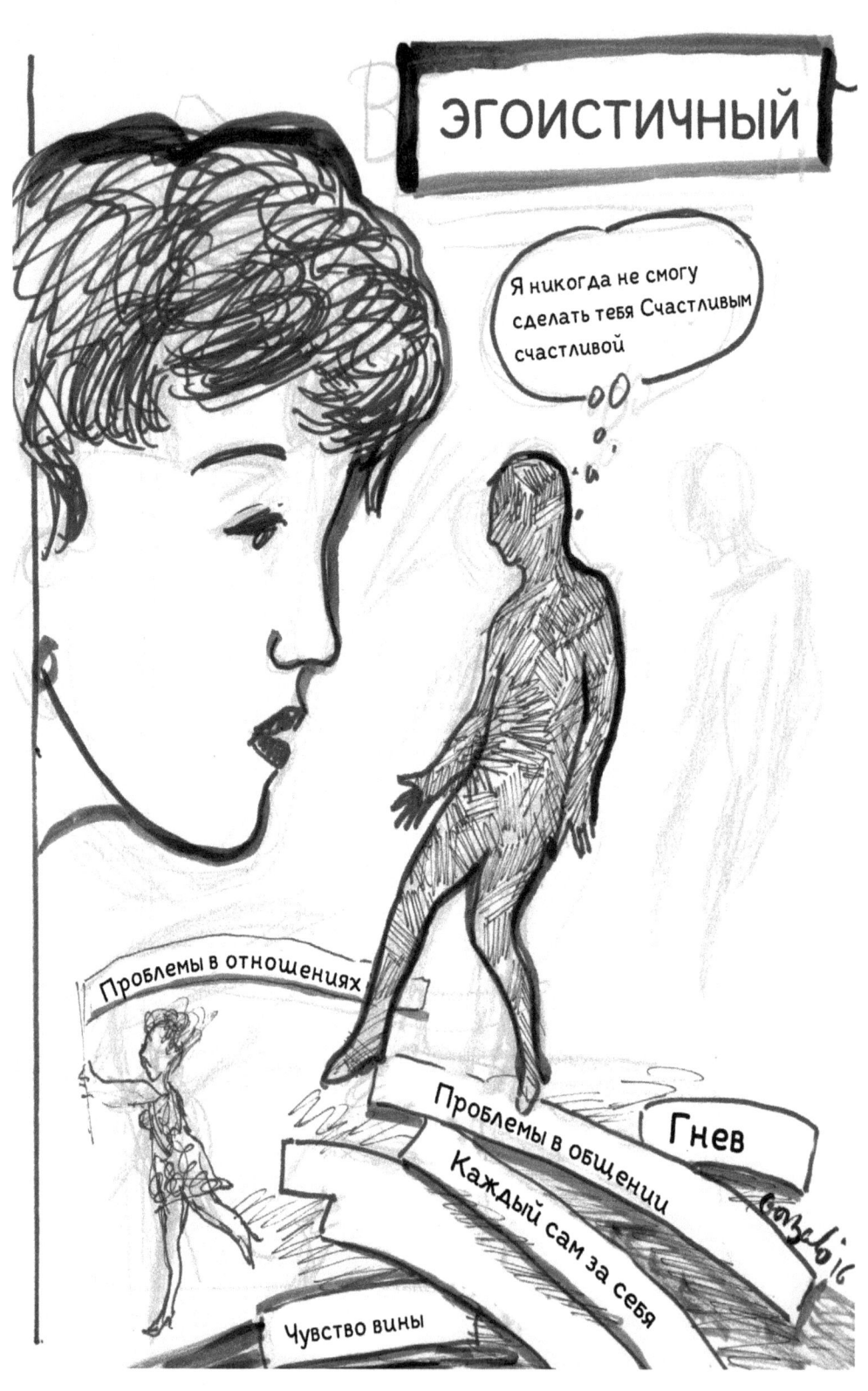

Стадия 2:
Они Становятся Эгоистичными

Стадию эгоизма можно также назвать "Каждый сам за себя". Твой страдающий возлюбленный/возлюбленная пытается исправить проблемы, пытаясь получить контроль. Вежливая просьба теперь превращается в требование с заранее определёнными последствиями - даже в ультиматум. Это та стадия, когда ты начинаешь думать: "Я никогда не смогу сделать тебя счастливым".

Ты знаешь эти уколы. "У нас нет времени, чтобы пойти в дом твоей семьи на этот День благодарения, поэтому ты пойдешь только в мой". Ответные упреки начинают действовать, и ты начинаешь чувствовать себя не в своей тарелке. Это способ заставить тебя по-настоящему осознать последствия своего поведения.

Такое ощущение, что твой любимый человек ведет себя как псих, а ты не можешь понять, почему. Он подходит к тебе с тонкой (или не очень тонкой) враждебностью. Ты пытаешься удовлетворить его потребности, но он либо наваливается на тебя со слишком большим количеством вещей, либо просто отключается и не нуждается в твоей помощи, и точка. Угодить им уже невозможно, и ты чувствуешь, что твой любимый человек несправедлив и неразумен. Твоя повседневная рутина превращается в попытку угадать, с кем ты проснешься в следующий раз: Халк или Баннистер? Добрая ведьма Глинда или ее злая сестра?

Что ты будешь делать сейчас? Реагируя на своего любимого человека, ты начинаешь психически и физически отключаться. Теперь и ты, и твой любимый человек отсоединились друг от друга. Это тактика выживания. Отстранение, будучи изолированным, становится меньшим из двух зол по сравнению с изнурительными, постоянными препирательствами. Когда общение полностью разрушается, возникает реальный долгосрочный ущерб.

Человек лучше всего следит за собой тогда, когда другие следят за ним тоже.

НЕУВАЖЕНИЕ

Стадия 3:
Они Отдаляются друг от друга

Стадия неуважения - это ужасно. Это безобразно. Аргументы становятся неуважительными, когда происходит закатывание глаз, обзывание и крики. На этой стадии следи за тем, что ты говоришь, потому что каждое слово записывается. Кнопка воспроизведения активирована. Это место гнева может выявить в тебе самое худшее.

Твой любимый человек когда-нибудь справлялся с ситуацией при общении с семьей или друзьями, когда ты высмеивал их за их поведение, и разразилась Третья мировая война, и ты говорил обидные вещи, которые не можешь взять назад? Как только неуважительные слова вливаются в отношения, яма, из которой тебе нужно выбираться, становится очень глубокой.

На этой стадии ты начинаешь сомневаться в отношениях и можешь рассматривать гипотетические сценарии ухода. Как только взаимное уважение в отношениях начинает разрушаться, это разрушение приводит к появлению сексуальных привычек, выходящих за рамки ваших отношений, таких как блуждающие взгляды, флирт и так далее. Эти "безобидные" вещи, которые технически не являются изменой, но это не те вещи, на которых ты бы хотел, чтобы твой любимый человек застал тебя.

Полное разрушение взаимного уважения часто совпадает с позицией "мне всё равно". Как только ты перестаешь заботиться, вместо того чтобы решать проблемы в отношениях по мере их возникновения, проблемы начинают накапливаться.

Но не в твоей природе чувствовать себя неудачником. Ты не можешь потерпеть неудачу. Ты будешь делать все возможное, чтобы восстановить контроль, особенно когда начинаешь чувствовать, что ситуация выходит из-под контроля. Это начинает происходить, когда ожидания и допустимые границы пересекаются, и в этом может быть виновата любая из сторон.

Даже на этой стадии, когда ты уже нанёс столько ущерба, если ты начнёшь осознавать, где ты напортачил, и признавать это, ты сможешь изменить ситуацию. Тебе просто нужны инструменты в твоем ящике.

Стадия 4:
Вы становитесь Несовместимыми
друг с другом

Как только ты достиг стадии несовместимости, ты дошёл до того момента, когда всё выглядит и кажется безрадостным. Это тот момент, когда ты не можешь ни о чем договориться и начинаешь сомневаться, является ли этот человек ТВОЕЙ половинкой. Это тот случай, когда взаимное уважение в отношениях полностью разрушилось и отсутствовало какое-то время. От несовместимости трудно вернуться, но при наличии надежды и желания обеих сторон разобраться в ситуации, налаживание отношений возможно. Это опасное место, где ты можешь услышать, что "любви недостаточно".

Это когда ты начинаешь баловаться такими вещами, как выпивка с бывшим, отношения в интернете или даже роман. Это уже эскалация процесса проверки. Ты погружаешься в работу, хобби или спорт. По сути, ты делаешь всё возможное, чтобы избежать своего любимого человека и всех последующих ссор. Засиживаясь допоздна в офисе или отправляясь в командировки, чтобы отстраниться от любимого человека, ты становишься не более чем плохим соседом по комнате.

Тем не менее, ты не оставишь это без внимания и не остановишься, пока дело не дойдет до крайней точки. Твой любимый человек может кричать, плакать и умолять тебя измениться, но ты отказываешься его слушать. И только когда твой любимый человек наконец не выдерживает и выгоняет тебя, прекращая отношения, тогда большинство возвращается со слезами на глазах. Только тогда ты, наконец, решаешь измениться, потому что вдруг понимаешь, что не можешь жить без него.

Постоянное присутствие и осознание в отношениях показывает уважение и укрепляет совместимость в ваших отношениях. Помни, это не твоя вина, что ты не знал об этих стадиях, но теперь ты знаешь. Это твоя вина, если ты не подстроишься соответствующим образом.

Не важно на сколько вы совместимы! Важно, как вы преодолеваете эту несовместимость!

ОСНОВЫВЗАИМООТНОШЕНИЙ

ЧАСТЬ 2:
ОСНОВНЫЕ ПРАВИЛА, ЧТОБЫ ВАШ ЛЮБИМЫЙ ЧЕЛОВЕК БЫЛ СЧАСТЛИВ

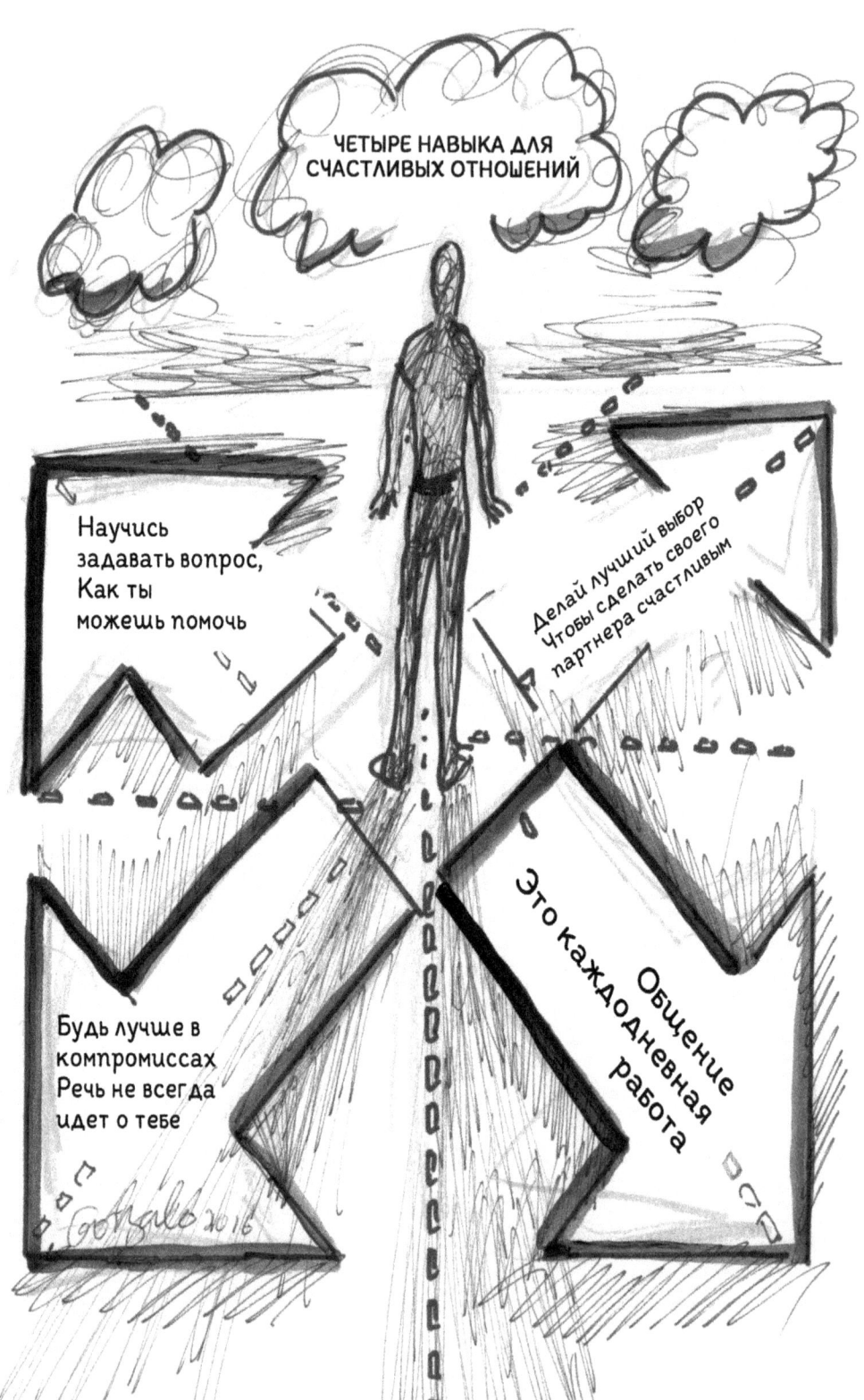

Глава 4: Четыре Навыка, Которыми Вы Так И Не Овладели

для

Счастливых Отношений

**Отношения — это постоянная работа.
Чем больше вы узнаёте, тем лучше они становятся.**

Вы не виноваты в том, что вас никогда не учили четырем важнейшим способам взаимодействия с любимым человеком для построения здоровых отношений. Если вы бьетесь в темноте, это потому, что никто не сказал вам, где найти переключатель света. Когда ни один из критических навыков не работает, единственным итогом является дополнительный стресс, который создает отношения, которые никому не нужны.

Вот четыре навыка.Правильно применяя их ежедневно, вы больше не попадете в затруднительное положение.

ЗАДАЙ ВОПРОС

Ты не можешь читать мысли своего любимого человека. Но если ты восприимчив к его чувствам, ты понимаешь, когда что-то не так. Поэтому задавай вопросы типа: "Есть ли что-то, что я сделал неправильно или могу сделать лучше?" или "Ты кажешься отстраненным/отстраненной. Ты злишься?" Это создает прочность и привносит баланс в отношения.

ДЕЛАЙ ПРАВИЛЬНЫЙ ВЫБОР

Когда твой любимый человек просит тебя о чем-то, а ты слишком занят или игнорируешь его, это создает дисбаланс в отношениях. Поэтому в следующий раз, когда тебя попросят, сделай это.

ИДИ НА КОМПРОМИСС

В отношениях всегда должны быть уступки. Если ты непреклонен в каком-то вопросе, а твой любимый человек уступает, позволь своему любимому человеку высказаться по другому вопросу.

ОБЩАЙСЯ

Это ключ к успешным отношениям. Информирование твоего любимого человека о принятых решениях, которые влияют на вас обоих, имеет решающее значение и укрепляет доверие.

Конечная цель - устранить стресс для твоего любимого человека и ваших отношений, чтобы ты мог быть счастлив. Знаешь ли ты, в чем заключается твоя новая работа в жизни? Устранить стресс твоего любимого человека любой ценой. Как ты уже слышал во второй раз: сделать так, чтобы твой любимый человек никогда не испытывал стресса!

Начни применять эти четыре навыка, чтобы устранить стресс своего любимого человека. Делай все, что для этого потребуется. А теперь подумай, о чем я прошу тебя и почему! Вот и всё. Занятие окончено. Теперь ты можешь идти домой. Сразу после того, как дочитаешь книгу. Потому что для того, чтобы твой любимый человек никогда не испытывал стресса, тебе понадобятся мои советы, и они находятся в конце книги, просто говорю.

Навык 1:
Задай Вопрос

Вопросы дают людям возможность поговорить о вещах конструктивно. Пары, особенно в начале отношений, всегда пытаются делать то, что, по их мнению, хочет от них другой человек, но большинство людей плохо догадываются. Вторые половинки, которые думают, что могут читать мысли друг друга, большую часть времени обманывают сами себя.

Вот мой секрет на этот счет: Ты знаешь, как определить, когда твой любимый человек отстраняется от тебя. Они не разговаривают, не смеются, раздражены, и правда в том, что ты понятия не имеешь, почему. Обычно ты просто даешь им пространство и идешь дальше. Вот когда ты должен спросить: "У тебя есть минутка? Я хотел бы задать вопрос. Я хочу стать лучше, и я не знаю, что я сделал не так. Но, что более важно, я хотел бы знать, как я могу это исправить". Позволь своему любимому человеку раскрыться, а затем покажи ему, что в будущем ты будешь принимать более правильные решения.

Яркий пример - когда одному человеку в отношениях нужно больше времени побыть наедине со своим любимым человеком. Это может привести к конфликту, когда один из спутников начинает думать: "О, он/она не хотят быть со мной, а это значит, что я ему/ей безразличен/а". На самом деле один из спутников может просто привык проводить больше времени в одиночестве и даже не осознаёт, как он заставляет другого человека чувствовать себя. Задавая вопросы, ты проясняешь ситуацию.

Пришло время задать такие вопросы, как "Чувствуешь ли ты, что у нас сбалансированные отношения?". "Чувствуешь ли ты, что эти отношения равноправны?" Или "Чувствуешь ли ты себя в безопасности со мной?". Последний вопрос, который нужно затронуть, - доверяет ли тебе твой любимый человек. Теперь пришло время выслушать ответы. Делай записи - много записей - и слушай.

То есть просто задавай вопросы, чтобы помочь своему партнеру высказать вслух то, что крутится у него в голове. Но каждый вопрос должен отвечать на главный вопрос: Как я могу стать для тебя лучшим любимым человеком?

ДЕЛАЯ ВЫБОР

Я буду с тобой все выходные

Я буду осторожен в трате денег

Я буду помогать в делах по дому

Навык 2:
Делай Правильный Выбор

Каждое действие - это выбор.

Если ты когда-нибудь пытался принять решение, маленькое или большое, вместе со своим любимым человеком, ты знаешь, насколько это может быть сложно. Почему это так сложно? Когда ты был одинок, ты принимал решения самостоятельно, и это требовало личного участия и не оказывало большого влияния на других людей.

Логично предположить, что от качества принятия решений зависит то, кем мы являемся в наших отношениях, что приводит к успешным или неудачным отношениям. Помни, что потребности твоего любимого человека должны быть на первом месте. Только тогда ты будешь на пути к здоровым отношениям. Просто помни: каждое действие - это выбор.

Независимо от того, активно ли вы принимаете решения вместе или учитываете друг друга в своих индивидуальных решениях, есть относительно немного решений, которые ты должен принимать полностью самостоятельно. Если один или оба человека, принимая решения, слишком часто идут своим путём, не обсуждая их сначала, то рано или поздно отношения пострадают. Я понимаю, что делать выбор - это самостоятельный шаг, но в отношениях его нужно делать вместе. Когда ты делаешь выбор, не давая своему любимому человеку понять, что происходит, чувства могут быть задеты.

Но проговорить решение - не значит взять принятие решения на себя. Позволь своему любимому человеку сделать свой собственный выбор и уважай его суждения. Предоставь им свободу добиться успеха или потерпеть неудачу, со всем тем обучением, которое сопутствует и тому, и другому. И ты тоже должен показать своему любимому человеку, что ты можешь самостоятельно принимать правильные решения.

**При открытом обсуждении не только ошибки,
но самые нелепости легко устраняются.**

КОМПРОМИСС

Компромисс
Главное, чтобы у твоей второй половинки был голос и мнение, которому ты следуешь.
Не всегда мир вращается вокруг тебя.

Навык 3:
Иди На Компромисс

Компромисс понимается как отказ от чего-то, чтобы достичь места взаимопонимания с твоим любимым человеком. В какой-то момент ваших отношений у тебя и твоего любимого человека будет разный подход, мнение или желание. Но если всё сделать правильно, компромисс поможет тебе и твоему любимому человеку расти вместе как единая команда. Это способствует укреплению доверия, подотчетности, последовательности и безопасности в ваших отношениях. Это также показывает, что у тебя есть общая цель: здоровые отношения.

Вот навык, который нужно практиковать: Принимая жесткое решение, сначала поставь под контроль свое эго. Если ты думаешь, что твой путь - единственный, я просто прошу тебя сделать шаг назад и переоценить, помогает ли тебе это плохое программирование. Неужели делать то, что хочет твой любимый человек, — это самое худшее, что может случиться? В большинстве случаев я обнаружил, что выбор моего любимого человека правильный и часто лучше, чем мой.

В отношениях ты не можешь избежать ссор, но ты можешь прийти к соглашению о том, как лучше спорить. Это ЯЗЫК ЛЮБВИ. Если твоему партнеру нужно пространство после ссоры, вернись к разговору позже. Если ты чувствуешь, что отдаешь больше, чем получаешь, или твои компромиссы начинают больше походить на жертвы, возможно, пришло время пересмотреть стандарты и границы, иначе ты попадешь на опасную территорию угождения людям.

Компромисс — это навык, которому потребуется время, чтобы научиться. Не позволяй ситуации дойти до того момента, когда твой любимый человек будет выходить из себя, потому что ему кажется, что он делает всю работу, а ты - нет. Чтобы возобновить отношения, лучше владеть ими. Помни, что это нормально - сказать: " Ты прав(а), я ошибаюсь".

Компромисс — это приятная встреча двух людей на дне пропасти, разделяющей их взгляды.

ОБЩАЙСЯ

Навык 4:
Общайся

Эффективное общение с твоим любимым человеком формирует взаимное уважение. Идея проста: люди обладают эмпатией. Они могут понять на очень тонком уровне, когда что-то не так. Поэтому общение помогает укрепить уважение. Это избавляет от необходимости гадать, о чём думает твой любимый человек. Это помогает избежать недопонимания и укрепить доверие. Это позволяет паре поддерживать друг друга. Это помогает паре расти в любви и отлично сказывается на их настроении.

В следующий раз, когда тебе предстоит сложный разговор о существенных разногласиях, поработай над тем, чтобы быть активным слушателем, как бы трудно это ни было. Для этого придется поработать как над сложным набором навыков. Сделай всё возможное, чтобы внимательно слушать, и покажи, что ты это делаешь, повторив сказанное любимым человеком своими словами. Например, "Я понял, что нам жизненно важно экономить деньги, поэтому я постараюсь внимательнее следить за своими тратами" или "Я понимаю, что ты чувствуешь себя одиноко, когда я так много работаю, поэтому я постараюсь приходить домой как можно раньше, когда это возможно".

Оставайся на связи здесь с помощью небольших жестов, таких как зрительный контакт, держание за руки и кивки. Это позволит тебе и твоему любимому человеку чувствовать себя товарищами по команде, а не противниками. Убери мобильные телефоны и ноутбуки подальше во время важных разговоров! Ты также можешь подумать о "стоп-слово", которое вы можете использовать, чтобы прервать разговор.

Вот тебе секрет. Если в конце каждого дня ты выделишь десять минут, чтобы дать своему любимому человеку возможность выговориться, это позволит ему выразить то, что он чувствует, и откроет позитивный канал общения. Помни, что самодовольство может убить отношения в мгновение ока. Если твой любимый человек просит тебя что-то сделать, и тебе кажется, что это несправедливо, обязательно вырази себя и поделись своими мыслями. Говори и общайся со своим любимым человеком, чтобы он тебя понял. С другой стороны, если ты перестарался и зашёл слишком далеко, помни, что вполне нормально сказать: "Ты прав(а), я ошибаюсь".

Это не твоя вина, что тебя никогда не учили тому,
что нужно для здоровых отношений.
Но предупреждаю. После прочтения этой книги
у тебя не останется никаких оправданий!

82

Глава 5:
У тебя есть потребности, которые должны быть удовлетворены, чтобы ты был Счастлив со своим любимым человеком - Это:

**Вы - опора
в основе ваших отношений.**

В этой главе ты узнаешь о четырех потребностях, которые твой любимый человек должен чтить и уважать, чтобы ты был счастлив. Когда любая из них ущемляется, ты несчастлив. Когда ты говорил со своим любимым человеком о своих потребностях? Знает ли твой любимый человек вообще об их существовании?

Мне нужно, чтобы ты подумал о себе как о фундаменте для моста ваших отношений, который мы называем опорой. Помни - ты являешься опорой для фундамента.

В следующей главе ты узнаешь о четырех потребностях своего любимого человека. Рассматривай четыре потребности своего любимого человека как опоры твоего моста, поддерживаемые фундаментом. Это основные составляющие моста. Если фундамент слаб, то слабы и опоры. Если фундамент и опоры прочные, то и твой мост будет крепким. Если ты удовлетворяешь все потребности своего любимого человека, то ты создал прочный мост. Тогда и только тогда твой любимый человек будет уважать и поддерживать твои четыре потребности.

То, что тебе нужно от твоего любимого человека, может сильно отличаться от того, что ты хочешь. Потребность — это абсолютная необходимость, как воздух и вода, а желание — это то, чего ты желаешь. В отношениях легко спутать эти два понятия.

Удовлетворение твоих желаний может быть не менее важным, чем потребности. Потратиться на игру и купить что-то особенное, на что ты копил деньги, можно спутать с потребностью. Правда в том, что это не так, но жизнь того стоит. Зарабатывать деньги, чтобы оплачивать счета, заботиться о детях, подавать на стол и заботиться о своем любимом человеке - это потребность. Но после всех этих усилий, когда тебе отказывают в твоих собственных потребностях или желаниях, это может стать ударом.

Цель состоит в том, чтобы твой любимый человек позволил тебе иметь свои желания. Но это может произойти только в том случае, если удовлетворяются его потребности. Это просто человеческая природа и здравый смысл. Потребности необходимы и важны для всех. Есть потребность чувствовать себя в безопасности, добиваться успеха или быть счастливым в ваших отношениях. Есть потребность иметь связь с веселым и любящим человеком. Анализируя разницу между потребностями и желаниями, я предлагаю тебе сначала сосредоточиться на необходимом. Затем сообщи любимому человеку о своих желаниях. Помни, что у твоего любимого человека тоже есть желания.

Реальность такова, что когда и потребности, и желания удовлетворены, жизнь бурлит, и в большинстве случаев ваши отношения здоровы. Чтобы твои желания были удовлетворены, ты должен удовлетворить потребности своего любимого человека.

Давай продолжим метафору отношений как моста. Мы уже установили, что ты являешься фундаментом. Последняя часть - это опорные балки, которые сидят на столбах. Опорные балки - это ежедневные проблемы, которые могут раскачать опоры и пошатнуть фундамент. Подробнее о них ты узнаешь в главе 6.

Давай погрузимся в то, что делает тебя счастливым. Что-то из этого будет применимо к тебе, а что-то нет. Просто используй то, что работает для тебя. Ниже приведены ярлыки, которые я применяю к четырем основным человеческим потребностям.

Потребность 1: Что мне нравится
Потребность 2: Что мне не нравится
Потребность 3: В чем я плохо разбираюсь
Потребность 4: Что я Ненавижу

Если эти четыре потребности понимать и уважать, то все просто.
Ты будешь счастлив!

ТЫ ЗНАЕШЬ, ЧТО
ТЕБЕ НРАВИТСЯ БЫТЬ СЧАСТЛИВЫМ

Потребность 1:
Что Мне НРАВИТСЯ

Первая потребность определяется как то, что тебе нравится в жизни, чтобы быть счастливым. Потребность НРАВИТЬСЯ — это то, ради чего стоит жить, - ощущение, что у тебя всё есть. Когда твой любимый человек уважает твои то, что тебе НРАВИТЬСЯ, жизнь бьёт ключом. В противном случае ты начинаешь чувствовать себя обиженным и недовольным по отношению своего любимого человека.

Вот несколько распространенных вещей, которые относятся к потребности НРАВИТЬСЯ:

Быть Нужным и Желанным: Потребность чувствовать себя нужным и желанным может проявляться в мелочах. Получить комплимент, провести рукой по волосам во время поездки домой... немного внимания, брошенного в твою сторону, никогда не помешает. Если ты хочешь, чтобы этого было больше, отдавай больше. Это прекрасное чувство, когда твой любимый человек говорит: "Ты потрясающий/ потрясающая", и он имеет это в виду. Еще лучше, когда они говорят, что хотят тебя.

Общение: Это потребность иметь веселого, любящего человека, которого ты можешь назвать своим лучшим другом и проводить с ним время. Того, с кем ты можешь быть рядом постоянно и получать удовольствие. Любимый человек, которому ты нравишься таким, какой ты есть. Отношения двух неразлучных людей.

Соревновательность: Потребность соревноваться и побеждать - это выброс адреналина, будь то игра с приятелями или просто боление за свою команду. Именно мысль о победе вызывает прилив сил. Эндорфины на всю катушку, детка! Это естественный кайф, который заставляет тебя чувствовать себя живым. Но не соревнуйся со своим любимым человеком... просто к слову.

Исправление Вещей: Будь то словесное исправление или физическое исправление чего-либо, доведение дела до конца просто приятно. Когда ты доводишь дело до конца, это становится стимулом для твоего эго - ты справился! Даже если ты понятия не имеешь, что ты только что сделал, это просто приятно. Поэтому здесь нужна только одобрительная реакция!

Умение Прощать: Необходимость прощать крайне важна, потому что без этого ты просто останешься злым. Способность прощать — это форма психической свободы. Не нарушай этого. Критически важно простить, чтобы ты мог двигаться дальше, занимаясь другими важными делами и не беспокоясь. Внутреннее послание здесь - никакого плохого талисмана, пожалуйста. Чем быстрее ты устранишь проблему и простишь, тем быстрее ты вернешься к веселью.

Секс: Твоя сексуальная жизнь влияет на твое общее самочувствие - физическое, духовное и эмоциональное. Это дает тебе ощущение, что ты все еще в игре, и с тобой не стоит шутить, потому что ты лучший. Если ты не используешь это, ты это потеряешь. Если твой любимый человек не осознает этого, он должен понять, что такова реальность: тебе нужен секс, чтобы чувствовать себя живым. Твои потребности должны быть удовлетворены тем или иным способом. Эти конкретные сайты не зарабатывают миллиарды сами по себе; им нужна помощь.

Мыслить Масштабно: Хочешь подпитывать свою цель в жизни? Просто позволь себе мыслить масштабно и мечтать о следующем путешествии, концерте, сделке, смене карьеры, стартапе или о чем-то еще, чего ты так долго ждал. Иметь любимого человека, который стоит за тобой и поддерживает тебя, — это золото. Когда мечты рушатся, рушится и твоя самооценка, вызывая неуверенность в себе. Вот почему иметь потрясающего любимого человека рядом с собой - это то, ради чего все и затевается. Они будут рядом, чтобы праздновать с тобой победу и помогать тебе зализывать раны и собирать осколки, когда дела идут не по плану. Большие мечты иногда нуждаются в перенастройке или корректировке, а в некоторых случаях, если ты отдал им все силы, а они не увенчались успехом, ничего страшного - отпусти мечту и найди новую.

Игрушки, Гаджеты, Хобби или Спорт: Отдых для получения энергии может помочь укрепить твоё психическое и физическое здоровье, одновременно повышая твоё благосостояние. Это больше, чем просто мысленный отдых; эти занятия могут заставить тебя почувствовать себя живым и целеустремлённым.

Отдушина: Необходимость расслабиться, проветриться и дать разуму отдохнуть - критически важна для здорового образа жизни. Иметь возможность говорить с любимым человеком на важные и неважные темы и не замыкаться в себе — это потребность. Осознаешь ты это или нет, но каждому человеку время от времени нужно, чтобы его выслушали. Это касается и тебя! Именно так ты определяешь, на верном ли ты пути или сбился с курса. Твой любимый человек становится твоим собеседником. Самое замечательное в том, чтобы выговориться любимому человеку, который является хорошим слушателем, — это то, что это сближает вас. Это связь и узы. Это раскрывает их заботу и любовь.

Когда твой любимый человек чтит и уважает то, что тебе нравится, всё просто, и ты счастлив. Когда любой из этих нравится не уважают, твоя реакция каждый раз будет одинаковой - безумие!

ПОСТОЯННО ЖАЛОВАТЬСЯ

Борьба

BEING WRONG

БытьНеправым
Секреты
Обязанности
Назойливость

Жаркие Споры   Быть Контролируемым

Напоминание о Прошлом   Быть Разбитым

Потребность 2:
Что Мне Не Нравится

Эта вторая потребность немного странная. Так же, как тебе нужно уважение к тому, что тебе НРАВИТСЯ, ты также ожидаешь, что твой любимый человек будет уважать твои предпочтения в том, что тебе НЕ НРАВИТСЯ. Когда твой любимый человек ожидает, что ты будешь постоянно делать то, что тебе не нравится делать, это может быть похоже на взрыв бомбы. Начинаются такие негативные эмоции, как гнев, разочарование и обида.

Вот несколько распространенных НЕ НРАВИТСЯ, которые могут показаться тебе знакомыми.

Быть Униженным: То, что тебя критикуют, задевает твоё эго, особенно когда речь идёт о заданиях и комментариях типа: "Мне не нравится, как ты сделал эту работу - она была сделана наполовину". "Когда ты собираешься завершить этот проект - в следующем году?" "Я мог бы сделать это лучше". "В следующий раз я найму кого-то, кто знает, что делает!". Такого рода комментарии не дают никакого результата, разве что ты получишь саркастическое: "Правда!? Не Хорошо!"

Домашние Обязанности: Не любишь работу по дому? А кто любит? С самого детства, когда бы ты ни услышал слово "работа", это всё равно, что услышать скрежет ногтей по школьной доске, и ты бежишь прочь. Вот почему у тебя есть вторая половина, верно? Если ты не будешь участвовать, то этому не будет конца. Большую часть времени ты чувствуешь, что они - твоя мать. Неужели они не могут просто позаботиться об этом? Но давай начистоту - нелюбовь к домашним обязанностям не является оправданием для того, чтобы пропускать свою часть нагрузки. Поговори со своим любимым человеком о том, что тебе не нравится и в чём ты был бы рад поучаствовать.

Постоянные жалобы: Не нравится постоянно слышать чьи-то жалобы? Сложно оставаться позитивным и счастливым, когда один из пары всегда настроен негативно. Используй свои навыки общения - задавай уважительные вопросы и предлагай поддержку, чтобы понять, что на самом деле лежит в основе всех этих жалоб.

Жаркие Споры: Не любишь крики или потерю контроля? В таких ситуациях ты всегда склонен проявлять неуважение к своему любимому человеку и говорить то, что не хотел сказать. Иногда ты видишь, как слова вылетают из твоего рта в замедленной съёмке, по одному слову за раз. А потом думаешь вслух: " Боже, что я только что сказал?". О! Мы хотели бы вернуть эти слова обратно, иначе они будут преследовать нас всю оставшуюся жизнь.

Ворчание: Проще говоря, ворчание унижает и раздражает. Тебе не нравится, когда твой любимый человек изводит тебя. Если ты этого не заслуживаешь, спроси своего любимого человека, почему он изводит тебя без реальной причины. Но прежде, чем ты станешь слишком обороняться, подумай об этом. В глубине души ты можешь знать, что к тебе придираются, потому что ты сам спровоцировал это. Ты поставил ложные ожидания или не выполнил обязательства? Ты придумывал одно оправдание за другим, почему ты не закончил тот проект по дому? Тем временем твой любимый человек замечает, что у тебя есть время на развлечения.

Эффект Мяча Ракетки: тебе не нравится, когда ты отбиваешь мяч, а он отбивает тебя в ответ. Например, ты ведешь беседу и случайно обронил что-то вроде: "Мне не нравится твой лучший друг". И тут же твой любимый человек отбивает мяч обратно: Им тоже не нравится ни один из твоих друзей. Или узнаешь это? Ты требуешь от своего любимого человека выполнения обещания, которое он дал, и не успел ты закончить предложение, как он начинает рыться в своей мысленной картотеке и вытаскивать оттуда обещания, которые ты дал много лет назад и которые не выполнил. Неважно, что это тот же самый человек, который не может вспомнить, куда положил ключи десять минут назад. Это Эффект Ракетного Мяча.

Прошлое: Твой любимый человек, вспоминая дату, час и минуту всего, что когда-либо беспокоило его в отношениях, определенно накладывает отпечаток на отношения. Поднимать прошлые проблемы и смешивать их с нынешними — это хуже всего.

Белая Ложь: Ты не любишь лгать, но разве это проще, чем когда тебя обзывают или кричат на тебя? Обычно это происходит при расхождении во мнениях, и это случается, когда тебе кажется, что твой любимый человек предъявляет необоснованные требования, которые ты не можешь выполнить или удовлетворить. Итак, начинается белая ложь. Это происходит от необходимости принимать самостоятельные решения, не объясняя своих действий и сопутствующего им дерьма, а также от того, что тебе говорят нет.

Мнение моего любимого человека обо мне всегда важнее, чем чье-либо еще.

ЧТО У МЕНЯ ПЛОХО ПОЛУЧАЕТСЯ

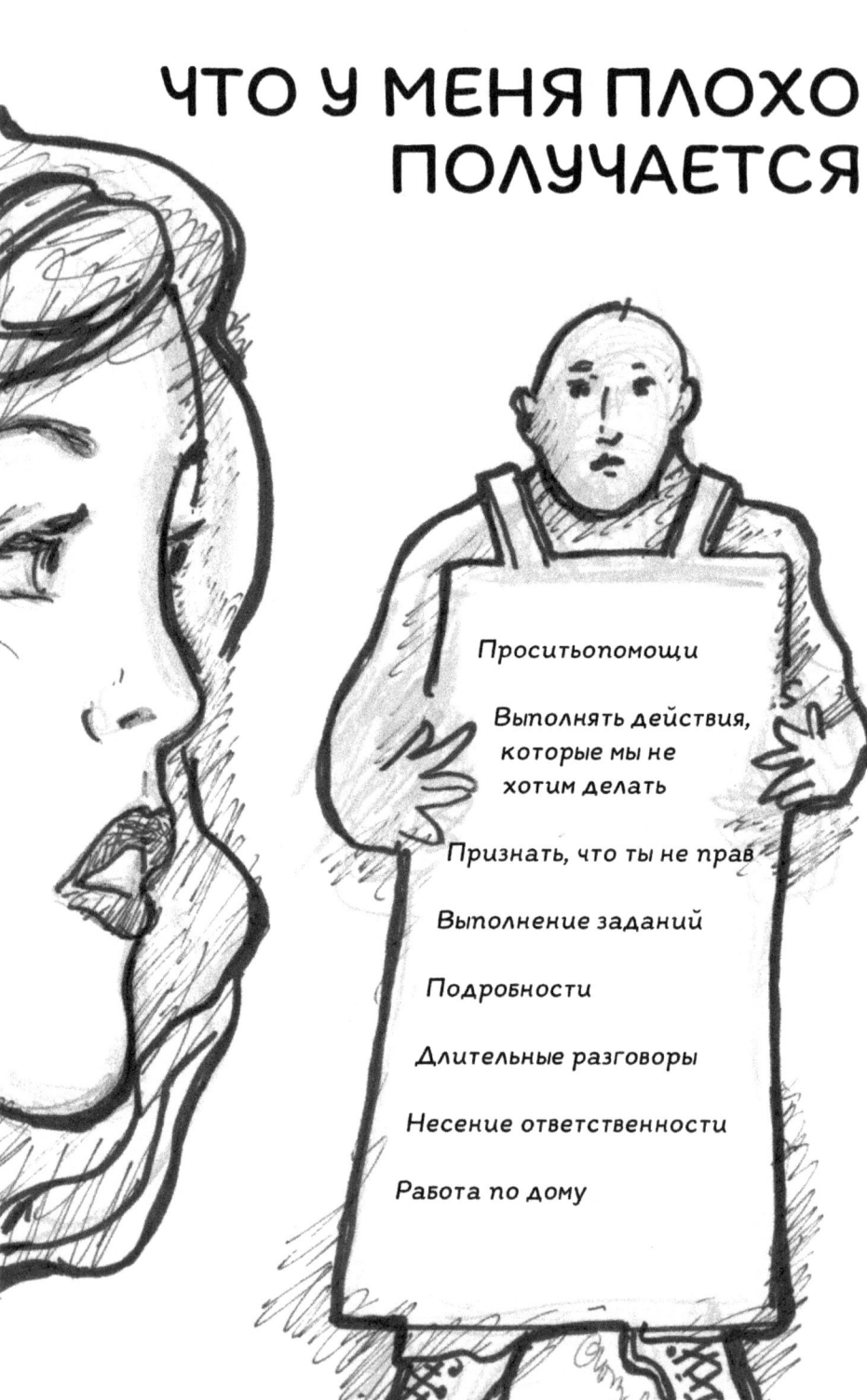

Проситьопомощи

Выполнять действия, которые мы не хотим делать

Признать, что ты не прав

Выполнение заданий

Подробности

Длительные разговоры

Несение ответственности

Работа по дому

Потребность 3:
В Чем Я Плохо Разбираюсь

Эта третья потребность также является странной. То, в чем ты ПЛОХО РАЗБИРАЕШЬСЯ, подобно тому, что ты НЕ ЛЮБИШЬ, должно уважаться, чтобы ты мог быть доволен своими решениями. Когда тебя заставляют делать то, что у тебя плохо получается, в дело вступают все твои детские неуверенности. Ты вспоминаешь все те времена в прошлом, когда ты чувствовал себя недостаточно хорошо.

Энтони Бурден однажды спросил: "Что является противоположностью "отстойности"? Отстой?" В этом и заключается проблема, когда ты находишься на территории ОТСТОЯ. Здесь нет простого выхода.

Относишься ли ты к какой-либо из этих распространенных ситуаций ОТСТОЯ?

Признание Своей Неправоты: Это равносильно признанию того, что ты сделал плохой выбор. Но ты же самый умный человек в комнате - как ты можешь ошибаться? Особенно больно, когда твой любимый человек указывает тебе на твою неправоту. Это стыдно слышать, и нет ничего более унизительного, чем любимый человек, который требует услышать из твоих уст слова "я ошибся".

Просить о Помощи: Спасибо тебе, YouTube(Ютуб), за помощь в сложных домашних проектах. Но что делать, если интернет не работает? Что бы ты делал? Получил ответ. Ничего, потому что твоя гордость встанет на пути просьбы о помощи. Почему? Потому что ты хреново справляешься с этим!

Выполнение Заданий: У тебя плохо получается выполнять задания вовремя или вообще? Если задание не приносит большой награды, оно не является приоритетным. Собаки ждут лакомства, а почесать за ухом никогда не помешает. Пары, которые поощряют хорошее поведение, никогда не вредят. Поэтому следи за тем, чтобы за хорошее поведение тебя награждали лакомством. В остальном мы будем просто плохо выполнять задания.

Детали: Ты просто плохо относишься к деталям? Разбирательство с деталями просто отнимает слишком много времени. Коротко, быстро и к месту — это беспроигрышный вариант, зашел и вышел. Мы живем в мире, где мгновенное удовлетворение — это норма, а многозадачность означает заказ пиццы и одновременный просмотр игры. Все остальное просто слишком детализировано, и мы просто отстой.

Длинные Разговоры: Когда твоему любимому человеку нужно вести долгий разговор, именно тогда включается реакция Плохо Разбираюсь. Когда твой любимый человек хочет объяснить детали темы и хочет, чтобы ты слушал каждую букву, ты распыляет внимание по мелочам и нуждаешься в информации сладкой и короткой? Когда детали должны играть роль, ум становится просто многозадачным. Например, они говорят, а мы слушаем, но при этом думаем о том, что мы хотим на пиццу. Это беспроигрышный вариант, верно? Я всё ещё слушаю.

Держи Мнение при Себе: Это невозможно сделать. Если у тебя есть мнение, оно так или иначе вылезет наружу.

ЧТО Я НЕНАВИЖУ

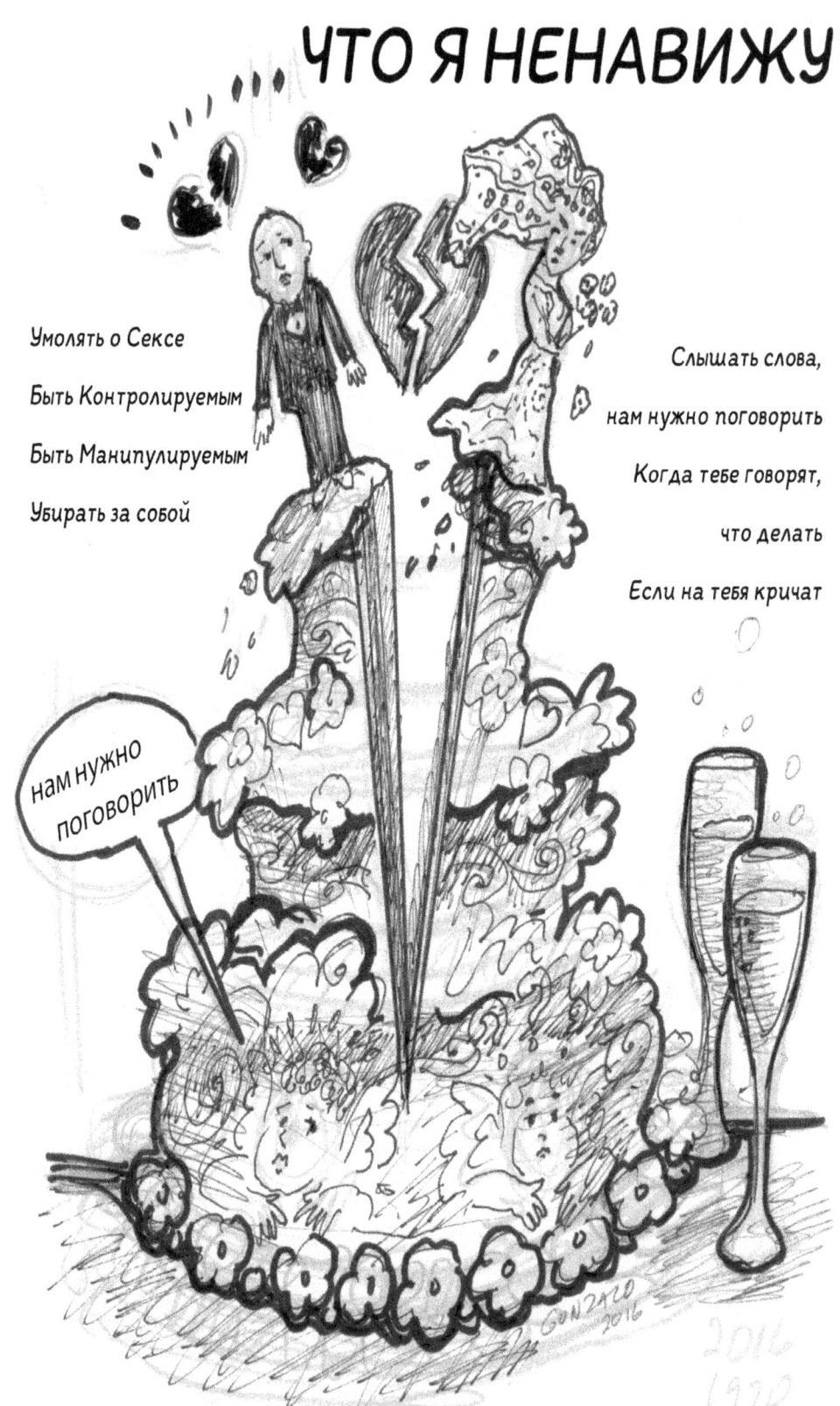

Умолять о Сексе

Быть Контролируемым

Быть Манипулируемым

Убирать за собой

Слышать слова,

нам нужно поговорить

Когда тебе говорят,

что делать

Если на тебя кричат

нам нужно поговорить

Потребность 4:
Что Я Ненавижу

Эта четвертая и последняя из твоих потребностей также является странной. Именно то, что ты НЕНАВИДИШЬ, нужно уважать, чтобы ты мог быть счастлив со своим партнером. Когда тебя заставляют делать то, что ты ненавидишь, твоя потребность НЕНАВИСТЬ будет запущена. Если ПЛОХО РАЗБИРАЮСЬ может вызвать проблемы с самооценкой, то НЕНАВИСТЬ приведет тебя прямо к гневу и обиде.

Вот несколько распространенных ситуаций, связанных с Ненавистью. Будь честен. Можешь ли ты с этим согласиться?

Выпрашивание Секса: Потребность умолять о сексе попадает в топ-рейтинг по срабатыванию потребности в НЕНАВИСТИ. Когда твой любимый человек отказывает тебе в сексе или тебе приходится выпрашивать его, ты просто не являешься в это время нормальным человеком. Ты можешь обнаружить, что дуешься и умоляешь. Ты просто несчастен. Ты будешь делать вещи, которые не пожелал бы любому другому человеку, только чтобы добиться удовлетворения своих потребностей. Гордость, смирение и чувство собственного достоинства выбрасываются в окно. Когда твои сексуальные потребности удовлетворены, ты смотришь в другую сторону, отмахиваешься от себя и возвращаешься к тому, на чем остановился.

Быть Контролируемым: Если твой любимый человек принимает все решения, не слушает тебя и имеет огромные ожидания без сбалансированной ответственности в ответ, то тебя контролируют. Возникает ощущение, что у тебя никогда нет права голоса. Это чувство собственной некомпетентности.

Быть Манипулируемым: Кому нравится, когда им манипулируют? Опять же, никому. Именно поэтому срабатывает суть Ненависти. Ты ненавидишь, когда тобой манипулируют, и не любишь, когда тебя перехитрили, потому что это подразумевает, что ты никогда не контролировал ситуацию. Теперь ты понимаешь, почему я говорю, что Ненависть — это потребность?

Убирать За Собой: Некоторые вторые половинки возражают против того, чтобы ты убирал за собой, со словами: "Я тебе не мама". Большинство из нас трепетно относятся к своим отношениям с матерями, поэтому предположение, что мы все еще хотим или нуждаемся в ней для базовой заботы, является проблемой.

Нам Нужно Поговорить: Никакие три слова не вселяют страх в сердце партнёра так, как эти три слова - "Нам нужно поговорить".

А теперь вернись назад и подумай о вещах, которые попадают в эти четыре категории - НРАВИТСЯ, НЕ НРАВИТСЯ, ПЛОХО РАЗБИРАТЬСЯ и НЕНАВИДЕТЬ. Возможно, есть вещи, в которых ты признаешься себе впервые. Затем поделись ими со своим любимым человеком, чтобы твой любимый человек был с тобой на одной волне. Не думай, что он уже знает об этом. Цель здесь в том, чтобы вы оба признали свои потребности.

Далее пришло время обратиться к основным потребностям твоего любимого человека. Ты на пути к пониманию истинной причины разрывов в отношениях. Как только ты узнаешь потребности своего любимого человека и поймешь, как их удовлетворить, ты на верном пути!

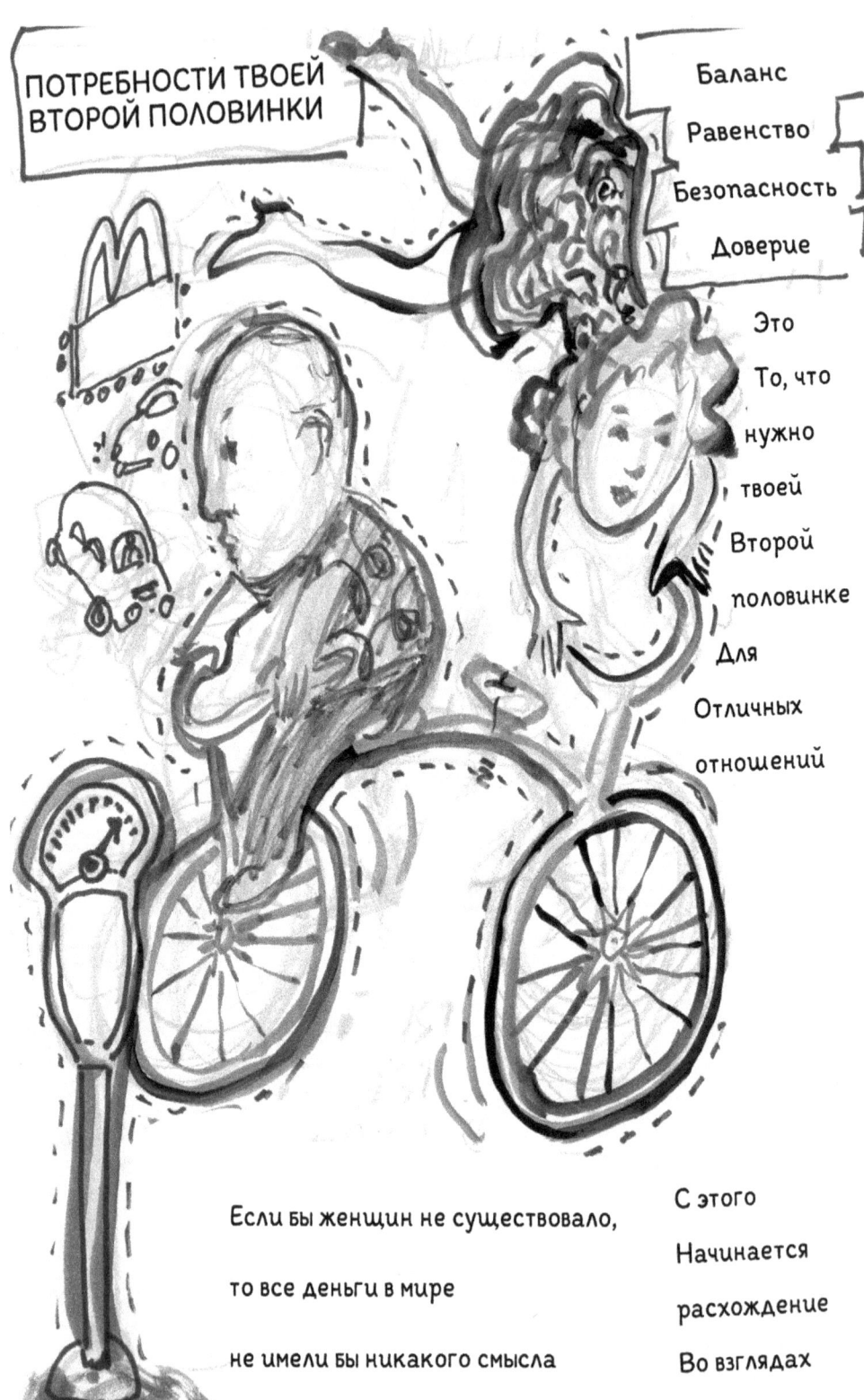

ПОТРЕБНОСТИ ТВОЕЙ ВТОРОЙ ПОЛОВИНКИ

Баланс

Равенство

Безопасность

Доверие

Это

То, что

нужно

твоей

Второй

половинке

Для

Отличных

отношений

Если бы женщин не существовало, то все деньги в мире не имели бы никакого смысла

С этого

Начинается

расхождение

Во взглядах

Глава 6:
У твоего любимого человека есть потребности, которые должны быть удовлетворены тобой, чтобы он мог быть счастлив - Это:

**Когда ты помогаешь своему любимому человеку удовлетворить его потребности,
ты становишься самой лучшей второй половинкой, какой только можешь быть.**

Разве ты не хочешь сделать своего любимого человека счастливым? Разве ты не хочешь смотреть на своего любимого человека с любовью, уважением и дружбой? Разве ты не хочешь, чтобы твой любимый человек смотрел на тебя так, будто ты - единственное, что имеет значение? Разве ты не хочешь, чтобы твой любимый человек знал, что может рассчитывать на тебя? Разве ты не хочешь, чтобы твой любимый человек знал, что ты будешь тем, кто действительно защитит его? Тогда эта глава - секретный соус к отличным отношениям. Самое простое объяснение того, почему отношения терпят неудачу, заключается в том, что потребности твоего любимого человека не были удовлетворены. Мы поговорим о том, что заставляет твоего любимого человека испытывать беспокойство и о чем думает твой партнер (не открывая ящик Пандоры).

Помни, что четыре потребности твоего любимого человека - это опоры для вашего моста. Когда твои потребности удовлетворены, фундамент прочен. Опоры твоего любимого человека поддерживают мост. Обычно именно твой любимый человек поддерживает бесперебойную работу всего дома, удерживая мост. Если фундамент и опоры прочны, то и твой мост будет крепким.

Вот эти опоры. Ты можешь запомнить их по аббревиатуре: БРБД. Когда ты помогаешь своему любимому человеку удовлетворить эти четыре потребности, ты становишься самым лучшим любимым человеком, каким только можно быть.

- **Баланс/Любовь**
- **Равенство**
- **Безопасность**
- **Доверие**

Твоя задача - следить за тем, чтобы опоры твоего любимого человека никогда не были повреждены. Твоя роль заключается в том, чтобы чтить и уважать потребности своего любимого человека. Чтобы сделать это, ты должен поддерживать потребности своего любимого человека. Это начинается с понимания Четырех ошибок, которые ты совершаешь. Как только эта лампочка загорится, ты поймешь, как ты влияешь на своего любимого человека своими решениями. Теперь для тебя и твоих отношений может начаться новое путешествие.

Правда заключается в том, что тебе придется изменить свое поведение. Помни, что ты — это фундамент. Сначала фундамент должен устояться. Это начинается тогда, когда ты понимаешь, почему твои потребности не были удовлетворены - но если потребности твоего любимого человека не были удовлетворены, то и твои не будут удовлетворены. Как только ты это поймешь, мы наконец-то будем на одной волне в вопросе счастливых отношений. Если ты не согласен, то я могу лишь пожелать тебе удачи.

Ты узнаешь, что каждая опора подвержена влиянию ежедневно возникающих проблем. Если ты позитивен и поддерживаешь, то опоры остаются незатронутыми. Если ты негативен и не реагируешь, то наносишь ущерб столпу. Чем более негативным и неотзывчивым ты будешь, тем больше трещин будет развиваться. Чем больше трещин, тем слабее опора. Если все четыре опоры слабы, то ваши отношения могут рухнуть. Твоя задача - следить за тем, чтобы ты поддерживал свой мост без трещин в опорах.

Один из способов обнаружить трещины - это шум, который издаёт твой любимый человек, чтобы привлечь твоё внимание. Ты можешь назвать это ворчанием. Если твой любимый человек постоянно на тебя наседает, то угадай что, у тебя много трещин, которые нужно устранить. Конечно, ты можешь игнорировать их и жить болезненной, враждующей жизнью, пока от тебя не останутся одни обломки.

Пойми, что починка каждой опоры потребует внимания и много работы в самом начале. Думай об этом как о мосте, который давно не осматривался. Это не однодневный проект. Каждая опора уникальна и требует специфических инструментов и навыков для их исправления. Если ты пытаешься устранить проблему с помощью крестовой отвертки, когда тебе нужна плоская головка, то ничего не получится. Обо всем этом мы поговорим в следующей главе.

Хорошая новость заключается в том, что эти столбы можно ремонтировать по одной трещине за раз. Глубокие трещины потребуют времени, но при тщательных, последовательных усилиях и правильных инструментах всегда есть надежда. Надежда — это один из самых больших подарков в жизни твоего любимого человека. Без надежды твой любимый человек давно бы ушел.

Итак, давай разберемся в четырех потребностях твоего любимого человека и начнем думать о том, что нужно сделать, чтобы укрепить каждую опору. Прежде чем перейти к оценке количества ущерба, накопленного каждой опорой, давай немного притормозим. Когда ты будешь читать эту главу, постарайся оглянуться на прошлый опыт, чтобы понять, где ты мог пренебречь потребностями своего любимого человека.

БАЛАНС

Время, проведенное вместе,
имеет решающее значение

Спорт и хобби требуют баланса

Не решай проблемы
своей второй половинки
будь хорошим слушателем

Потребность/Опора 1:
Баланс/Любовь

Неровные опоры ведут к неустойчивому, шатающемуся мосту, и, как и мост, несбалансированные отношения рискуют разрушиться. Баланс означает способность помочь своему любимому человеку, когда ему нужна твоя поддержка, будь то приготовление ужина, уборка, стирка, поход за продуктами или укладывание детей спать. Если твой любимый человек обычно занимается этими делами, а ты обнаружил, что он измотан, ты должен знать, что нужно подключаться без лишних просьб с его стороны. Ключ к устранению трещин в опоре Баланса — это перестать пренебрегать и игнорировать своего любимого человека, о чем говорилось в Главе 2.

ФАКТОРЫ, КОТОРЫЕ ВЛИЯЮТ НА БАЛАНС ОТНОШЕНИЙ

Баланс отношений нарушают эти факторы, с которыми сталкивается каждый. В следующей главе мы рассмотрим ежедневные инструменты. Семья

- **Друзья**
- **Привычки**
- **Здоровье**
- **Хобби и спорт**
- **Дети**
- **Вентиляция**
- **Работа**

Существуют более сложные проблемы, которые я называю "багажом", влияющие на баланс отношений. К ним относятся

- **Зависимость**
- **Депрессия**
- **Недостаток**
- **Травма**

Эта книга охватывает несколько наиболее часто используемых ежедневных инструментов. Для получения дополнительной информации об инструментах и вопросах, связанных с БАГАЖОМ, перейдите по ссылке
www.тыправаяошибаюсь.ru.com

Сбалансированные отношения подразумевают объединение в ситуации, требующей командной работы. Именно такие моменты побуждают твоего любимого человека к позитивным размышлениям о состоянии ваших отношений и позволяют ему почувствовать уверенность в их здоровье. Обретение устойчивого распорядка помогает создать баланс, равенство, безопасность и доверие к вашей новой норме. Когда ты сможешь найти баланс в своих отношениях, ты сможешь сказать: "Я люблю свою жизнь и своего любимого человека" на одном дыхании. Эти два понятия становятся симбиотическими.

Создание баланса означает вмешательство, когда твой любимый человек завален работой, у него трагедия в семье или он чувствует себя не в своей тарелке и с трудом выполняет обычный список дел. Это проявление инициативы, чтобы помочь. Не заставляй своего любимого человека просить. Просто сходи за детьми, отведи их на футбольную тренировку, приготовь ужин или займись домашними делами. Займись любой текущей задачей. Это создаст хорошо сбалансированный дом и отношения.

Именно взаимовыручка делает отношения полноценными. Это происходит в обе стороны - инь и ян отношений. Возможно, самая известная философия даосизма, инь/ян учит нас идее, что две половинки вместе составляют нечто целое. Они также обозначают отправную точку для изменений.

Вот пример: Сегодня субботнее утро, а вечером того же дня ты устраиваешь званый ужин для 25 друзей. Вот когда отношения находятся на пике своей эффективности. И ты, и твой любимый человек уже знаете свои роли, и все проходит без сучка и задоринки. Это реальное проявление отношений 50/50, которым вы оба привержены. Твой любимый человек обустраивает дом и начинает встречать гостей, пока ты включаешь музыку и разжигаешь гриль. Когда ужин закончен, один из вас убирает посуду, а другой готовит кофе. К тому времени, когда все закончится, вы оба будете измотаны физически и умственно, но во время всего этого процесса было относительно мало стресса, что позволило вам в полной мере насладиться званым ужином. Именно тогда ты понимаешь, что нет никаких оправданий, почему ты и твой любимый человек не можете всегда иметь такие сбалансированные отношения.

Вопрос, который нужно задать себе: Что мешает тебе иметь такой уровень баланса в отношениях? Как ты думаешь, есть ли баланс, когда ты поглощён своим хобби или спортом? Оставаться в форме — это одно, но если ты каждые выходные играешь в лиге по боулингу или софтболу, занимаешься футболом, гольфом или другими активными видами спорта, потом приходишь домой и сосредотачиваешься на одной игре за другой, затем за ужином работаешь над своей фэнтезийной бейсбольной или футбольной командой, то времени на баланс не остается. Если в воскресенье утром ты слушаешь спортивных комментаторов, погружаясь в зону отдыха, твой любимый человек не получает никакого времени. Это не сбалансированные отношения. Что-то должно уступить, и, надеюсь, это не твой любимый человек.

В главе 2 я объяснил, что первая ошибка, совершаемая в качестве любимого человека, - это пренебрежение или игнорирование своей второй половинки. Это напрямую влияет на опору баланса. Поэтому твоя задача - следить за тем, чтобы опора равновесия твоей второй половинки не была повреждена, когда дело касается повседневных вопросов.

РАВЕНСТВО

Голос твоей второй половинки

Услышан

Потребность/Опора 2: Равенствоё

В отношениях равенство означает, что ты уважаешь мысли, мнения и предложения своего любимого человека таким образом, чтобы обеспечить ему право голоса. Твой любимый человек признает то, что ты делаешь для него. В свою очередь, ты признаешь своего любимого человека за все, что он делает для тебя. Если твой любимый человек полностью открыт и честен, то взаимное уважение диктует тебе вести себя так же. Относись к своему любимому человеку так, как хочешь, чтобы относились к тебе, - или даже лучше. Только тогда ты на пути к равноправным отношениям. Ключ к устранению трещин в опоре равенства заключается в том, чтобы перестать чувствовать себя вправе в отношениях, о чем говорилось в Главе 2.

ФАКТОРЫ, ВЛИЯЮЩИЕ НА РАВЕНСТВО В ОТНОШЕНИЯХ

Вот ежедневные проблемы, которые имеют место быть и которые могут повлиять на твои отношения, если не решать их правильно. Мы перейдём к ежедневным инструментам в следующей главе.

- **Споры**
- **Избежание Конфликта**
- **Убеждения**
- **Отсутствие Благодарности**
- **Взаимное Уважение**
- **Эгоизм**
- **Разделенные Обязанности**
- **Голос**

Багажом проблем, которые влияют на равенство, являются

- **Обязательства**
- **Ведение Счета**
- **Созависимость**
- **Возмущение**

Эта книга охватывает несколько наиболее часто используемых ежедневных инструментов. Для получения дополнительной информации об инструментах и вопросах, связанных с БАГАЖОМ, перейдите по ссылке

Противоположностью равенства является неравенство. Это перебивать или говорить поверх своего любимого человека, когда ты не согласен с тем, что он говорит. Неравенство — это убеждение, что все решения должны проходить через тебя. Неравенство — это когда твой любимый человек ходит на цыпочках вокруг тебя в присутствии друзей, семьи или гостей. Неравенство — это когда ты кричишь, хлопаешь вещами или вырываешься из комнаты, чтобы доказать свою точку зрения. Неравенство — это говорить своему любимому человеку, что он "не поймет" при обсуждении проблемы.

Обе стороны должны быть готовы подчиниться и практиковать то, что я называю совместным поведением, чтобы избежать чувства собственного превосходства. Опять же, здесь ты должен оставить свое эго за дверью.

Например, твой любимый человек обычно готовит ужин? Допустим, однажды вечером ты приходишь домой, а твоего любимого человека нет дома. Какова твоя первая реакция? Если твой ответ - позвонить любимому человеку и спросить, когда он будет дома, чтобы приготовить ужин, то ты проиграл! Если же твой ответ - устроить себе ужин перед телевизором, взять пиво и включить игру, то ты выиграл! Шучу. Ты также проиграл. Ответ заключается в том, чтобы зайти на кухню и приготовить ужин, как это сделал бы твой любимый человек.

В доме нет еды или продуктов? Ты садишься в машину и просто едешь в продуктовый магазин и покупаешь продукты. Затем ты возвращаешься домой, читаешь рецепт и готовишь ужин. Если ты умный, то, когда твой любимый человек приходит домой, ты говоришь, что скучал по нему, целуешь его и подаешь ужин. Когда закончишь, убери все за собой. Это равенство, это отношения, это любовь. Ты победил!

Равенство - это все об уважении и о том, чтобы позволить потребностям и голосу твоего любимого человека быть такими же важными, как и твои. Относись к своему любимому человеку так, как ты хочешь, чтобы относились к тебе, и точка. Когда ты гуляешь с друзьями и не согласен с тем, что говорит твой любимый человек, не перебивай его. Дай своему любимому человеку закончить, особенно когда ты не согласен. Никто не хочет, чтобы его перебивали, говорили свысока или, что еще хуже, кричали на него. Разногласия не обязательно должны заканчиваться криками, ударами ниже пояса или неуважительным отношением. Две половинки равны целому, и это разделение 50/50. Не 75/25, что означает, что ты принимаешь 75 процентов всех решений. Улавливаешь суть?

Умение кричать или орать обычно является плохой запрограммированной привычкой из прошлого, и её никогда не следует переносить в будущее. Это дает простор для дисфункциональной среды. Цель здесь - потрясти мир твоего любимого человека. Узнать своего любимого человека настолько хорошо, чтобы предвидеть, что ему нужно, еще до того, как он об этом узнает. Это действительно возможно. Я доказал это, и это сводит моего любимого человека с ума, что я знаю его настолько хорошо. Когда ты достигнешь этой цели, ты станешь тем, о ком твой любимый человек не перестает говорить друзьям и родственникам, и тем, кого он действительно любит.

БЕЗОПАСНОСТЬ

Эмоциональная поддержка обязательна

Установи границы

Перестань брать на себя финансовые риски

Перестань манипулировать

GONZALO

Перестань злить своего партнера

Потребность/Опора 3: Безопасность

Любимый человек чувствует себя защищенным в отношениях, когда он может быть самим собой, открыто общаться и чувствовать себя в эмоциональной безопасности. Отсутствие безопасности в отношениях может вызвать ряд осложнений, таких как сомнения, замешательство, ревность и печаль. Ключ к устранению трещин в опоре безопасности - перестать устанавливать ложные ожидания в отношениях, о чем говорилось в Главе 2.

ФАКТОРЫ, КОТОРЫЕ ВЛИЯЮТ НА БЕЗОПАСНОСТЬ ОТНОШЕНИЙ

Здесь перечислены повседневные проблемы, которые могут повлиять на ваши отношения, если их не решать правильно. Мы рассмотрим ежедневные инструменты в следующей главе.

- Эмоциональная Поддержка
- Чувствовать Себя Любимым
- Финансы
- Ревность
- Манипуляция
- Стресс
- Темперамент
- Вес

Багаж, который влияет на безопасность отношений, это

- Злоупотребление
- Финансы
- Прощение
- Самооценка

Эта книга охватывает несколько наиболее часто используемых ежедневных инструментов. Для получения дополнительной информации об инструментах и вопросах, связанных с БАГАЖОМ, перейдите по ссылке

Это должно быть одной из твоих жизненных целей - сделать так, чтобы твой любимый человек чувствовал себя уверенно во всех аспектах. Если ты когда-либо флиртовал или был слишком дружелюбен с другим человеком, это может задать тон для ревности твоего любимого человека. Если ты расточительно относишься к деньгам, то это может спровоцировать потребность твоего любимого человека в безопасности.

Безопасность в отношениях наступает тогда, когда любимые люди дают друг другу возможность действовать самостоятельно в рамках полностью совместной системы поддержки. Это поддерживает психическое и эмоциональное равновесие. Термин "опираться на своего любимого человека" имеет как метафорическое, так и буквальное применение для закрепления или поддержания опоры безопасности. Это означает, что ты присутствуешь ментально, физически и эмоционально, чтобы выслушать и поговорить через трудности.

Если твой любимый человек не уверен в себе в ваших отношениях, то это потому, что ты задал такой тон. Твоей первой реакцией на услышанное может быть несогласие. Далее ты можешь почувствовать оборону, даже злость или разочарование. Но это правда. Именно маленькие колкости, оскорбления и комментарии недовольства могут сыграть на чувстве безопасности твоего любимого человека в ваших отношениях.

Например, ты знаешь, что вес твоего любимого человека заставляет его стесняться, но ты все равно говоришь односложные фразы, которые играют на его эмоциях. Или когда они часами ходят за покупками, приходят домой и спрашивают, как они выглядят, а ты говоришь, что тебе не нравится то, что они выбрали. Все это играет определенную роль в безопасности твоего любимого человека. Ты полностью контролируешь ситуацию в отношении того, чтобы дать своему любимому человеку полномочия и заставить его чувствовать себя любимым или унизить своего любимого человека и заставить его чувствовать себя застенчивым и неадекватным. Именно поэтому ты виноват в том, что не был мудрее в своих ответах. Вместо того чтобы делать негативные комментарии, делай позитивные, иначе ты можешь одной рукой запустить трещину в столпе безопасности своего любимого человека.

Кроме того, когда у тебя возникают разногласия с любимым человеком и ты начинаешь унижать своего любимого человека перед друзьями, ты становишься виновником его смущения и неуверенности в себе. Поэтому в следующий раз, прежде чем хамить, пыхтеть и взрывать дом, просто остановись, отнесись к своему любимому человеку с уважением и проведи беседу.

Пойми, что финансовая безопасность необходима для того, чтобы твой любимый человек чувствовал себя уверенно. Например, ты накопил много денег и теперь хочешь инвестировать свои средства, но твой любимый человек считает, что это рискованно. Это щекотливый вопрос, потому что он затрагивает твою собственную потребность мечтать и мыслить масштабно. Твой любимый человек считает, что ты должен вложить деньги в более безопасные инвестиции, чем ты задумал. Вот в чем дилемма. Если ты сделаешь свой ход, то вызовешь потребность любимого человека в безопасности, а если не сделаешь, то вызовешь свою потребность в НРАВИТЬСЯ. Вот здесь-то и включаются твои уроки по компромиссу и общению. Помни, что для этого тебе нужно научиться отдавать и брать. Иногда ты можешь воплотить свои мечты в реальность, а иногда тебе нужно помочь своему любимому человеку воплотить его мечты в реальность. Сделай своей задачей быть поддержкой, привнося безопасность в отношения.

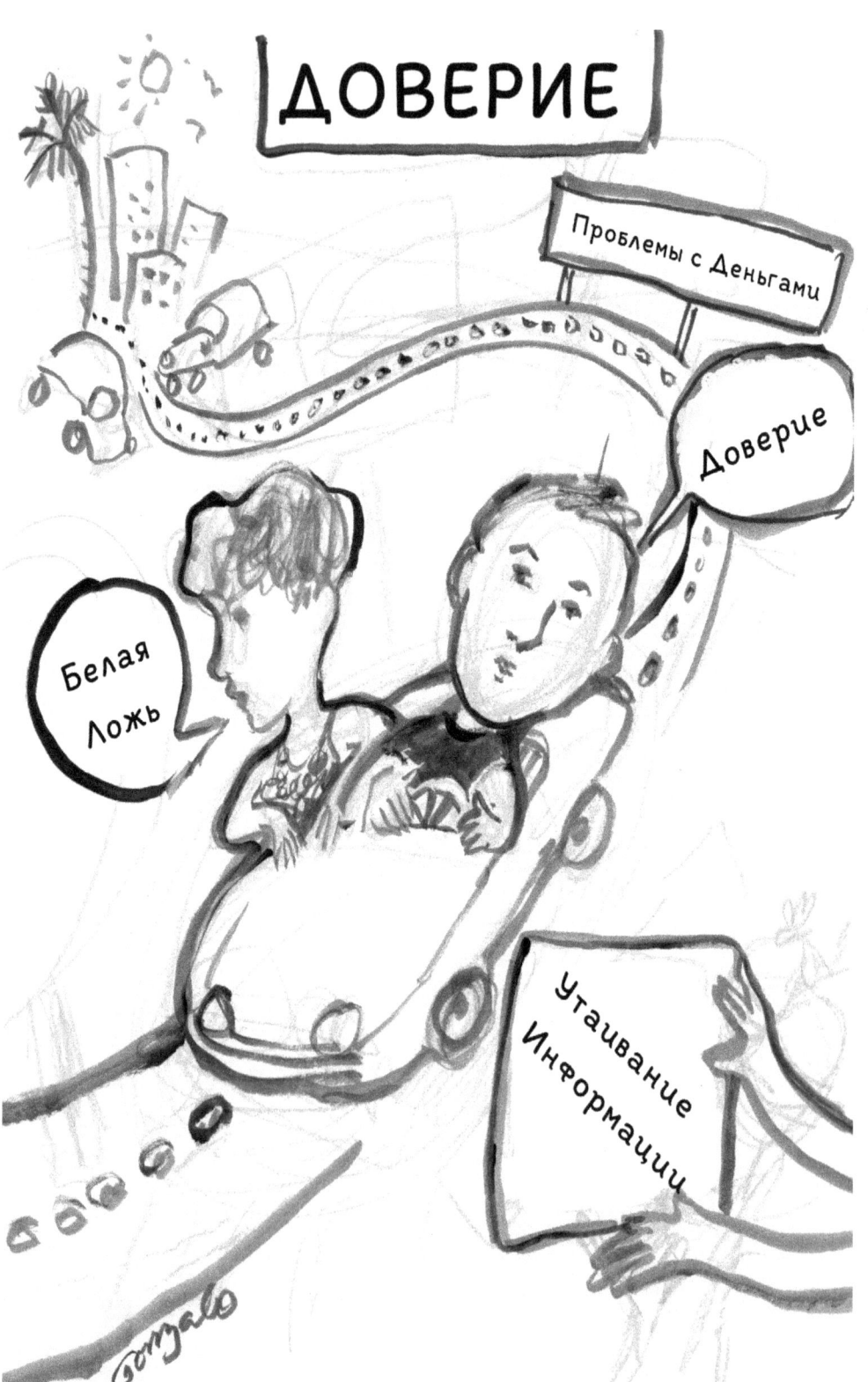

Потребность/Опора 4: Доверие

Если нет доверия, то что у тебя на самом деле есть?

Доверие необходимо в фундаменте успешных отношений. Когда доверия не хватает, это приводит к шатким отношениям. Доверие - это самая критическая потребность отношений. Думай о опоре доверия как о поддерживающей вес основе, которая, будучи поврежденной, может повлиять на все опоры одновременно. При фактическом и безвозвратном обмане твой мост может не выдержать и перышка, не говоря уже о чем-то другом. Ключ к устранению трещин в опоре доверия ‑ прекратить ложь и секреты, о чем говорилось в Главе 2.

ФАКТОРЫ, КОТОРЫЕ ВЛИЯЮТ НА ДОВЕРИЕ В ОТНОШЕНИЯХ

Здесь перечислены ежедневные проблемы, которые могут повлиять на ваши отношения, если не решать их правильно. Мы перейдём к ежедневным инструментам в следующей главе.

- **Границы**
- **Целостность**
- **Интимность**
- **Образ Жизни**
- **Динамика Отношений**
- **Сомнение**
- **Технология**
- **Белая ложь**

Багажом проблем, влияющих на доверие в отношениях, являются

- **Отстранение**
- **Разобщенность**
- **Двойная жизнь**
- **Серьезная ложь**

Эта книга охватывает несколько наиболее часто используемых ежедневных инструментов. Для получения дополнительной информации об инструментах и вопросах, связанных с БАГАЖОМ, перейдите по ссылке

Как и уважение, доверие должно быть взаимным. Ты должен верить, что можешь доверять своему любимому человеку. Без доверия закрадываются подозрения. Доверие даёт свободу в ваших отношениях. Когда доверия нет, негативные предположения приводят к неуверенности, которая накладывает ограничения на ваши отношения. Недоверие может пронзить до глубины души. Именно поэтому партнеры могут стать чрезмерно контролирующими, когда возникают проблемы. Это та же причина, по которой белая ложь никогда не бывает просто белой ложью. Она всегда является индикатором обмана. Именно поэтому, когда тебя ловят на белой лжи, это может перерасти в крупную ссору.

Никто не любит, когда его ставят в тупик. Ложь вторгается в доверие. Когда доверие любимого человека нарушено, вернуть его бывает непросто. Некоторые люди с самого начала отношений доверяют друг другу, пока не произойдёт что-то, что нарушит это доверие. Другие действуют в своих отношениях попятно и постепенно укрепляют доверие с течением времени. В последнем сценарии доверие зарабатывается в течение определенного периода и измеряется с помощью различных тестов, прежде чем оба партнера смогут сказать: "Я доверяю тебе" без тени сомнения.

Давай вспомним случаи из твоей жизни, когда твой любимый человек пытался уговорить тебя сказать ему, что ты сказал маленькую белую ложь. Почему они заподозрили это? Потому что они чувствовали, что ты что-то скрываешь. Они задавали тебе вопрос о том, на что уже знали ответ, просто чтобы посмотреть, что ты ответишь. Назовем это тестом на белую ложь. Периодически ты будешь проходить такие тесты, чтобы проверить, насколько ты честен. Если ты отвечаешь правильно, жизнь прекрасна. Если же ты провалил тест, то ты неосознанно дал разрешение своему любимому человеку быть настороже и проводить дополнительные проверки, вплоть до проверки твоего телефона и электронной почты. По сути, ты облажался. Постарайся использовать в отношениях более здравый смысл.

Рассказывая всё своему любимому человеку, ты становишься открытой книгой. Если твой любимый человек по какой-то причине чувствует себя неуверенно, а тебе нечего скрывать, то быть открытой книгой - это самый быстрый способ вернуть доверие в отношения. Разреши своему любимому человеку доступ к своему телефону и электронной почте. Это даст твоему любимому человеку душевное спокойствие. Это разрешит любые беспокойства. Если ты сделаешь это, то вернешь себе свободу.

Урок, который ты должен сохранить в своей голове: Неправильно делать то, что ты не стал бы делать, если бы твой любимый человек находился в той же комнате. Другими словами, если бы твой любимый стоял рядом с тобой, стал бы ты писать сообщение этому другому человеку? Если ответ "нет", то это неправильно, и ты перешел границу и перешел в серую зону измены. Ты посылаешь флиртующие сообщения коллеге, сообщаешь другим частную информацию или переписываешься с бывшей, а твой любимый человек об этом не знает? Тогда остановись. Все, что ты делаешь, - это нарушаешь доверие, и ты потеряешь свою свободу.

Давай поговорим о другом виде доверия. Когда ты выполняешь такую задачу, как сантехника, ремонт или работа над автомобилем, пойми, что твой любимый человек наблюдает за тобой, и ты заслуживаешь признание и укрепляешь доверие, когда выполняешь эти проекты. Чем сложнее проект, тем больше признание ты заслужишь. С другой стороны, если ты не выполнишь проект или сделаешь работу небрежно, угадай, что? Никакой признательности, и ты теряешь доверие своего любимого человека, несмотря на выполнение задания. Твой любимый человек может даже сказать тебе: "Я не могу тебе доверять" или предложить: "Почему бы тебе не нанять кого-нибудь другого, чтобы сделать эту работу?". Чем дольше работа остается невыполненной, тем больше твой любимый человек будет сомневаться в твоей способности довести ее до конца. Самое удивительное, что большинство людей не приравнивают проблемы доверия к незавершенным проектам. Когда ты говоришь, что собираешься что-то сделать, то сделай это. Что еще важнее, доведи дело до конца. Стань передовиком. Упорно трудись над тем, чтобы сделать отличную работу, чтобы твой любимый человек мог доверять тебе.

КНОПКА ПЕРЕЗАГРУЗКИ

ЧАСТЬ 3:
ВОЗОБНОВИТЕ ОТНОШЕНИЯ, ЧТОБЫ ВЕРНУТЬ ЛЮБИМОГО ЧЕЛОВЕКА

Ежедневные Инструменты для Баланса в Отношениях

Вес
Ссоры
Дружба
Работа
Любовь
Стресс
Границы
Характер

Убеждения

Белая Ложь

Образ жизни

Сомневаться

Хобби и Спорт

ВредныеПривычки

Признательность

Разделенные обязанности

Глава 7:
Ежедневные Инструменты Для Баланса Взаимоотношений

Ты слышал знаменитую цитату Альберта Эйнштейна: "Безумие - это делать одно и то же снова и снова и ожидать разных результатов". Ты не безумец, поэтому сейчас самое время изменить то, что ты делаешь, чтобы получить другой - лучший - результат для ваших отношений.

Теперь, когда ты зашел так далеко, давай начнем процесс перезагрузки. Но прежде, чем мы погрузимся в инструменты, дай себе передышку хотя бы на мгновение. Сходи на пробежку, помедитируй... сделай всё, что тебе нужно, чтобы отпустить весь стресс, негативные мысли о своём любимом человеке или просто злость. Дай себе передышку, чтобы ты мог вернуться к этим инструментам обновлённым и с позитивной перспективой.

Это та часть, которую ты так долго ждал: инструменты для починки твоего моста. С чего начать ремонт четырех опор твоего любимого человека, теперь должно быть довольно просто. Эта глава даст тебе несколько примеров повседневных проблем, список вопросов для рассмотрения тобой и твоим любимым человеком, плюс инструменты для практического улучшения.

В этой главе рассматриваются вопросы самого важного уровня. Для получения большего количества примеров, инструментов и советов перейди на сайт www.тыправаяошибаюсь.ru.com

Вопросы — это шанс получить тот самый момент "вот оно!". Ты можешь быть удивлен (и очарован) ответами своего любимого человека. Помни, что вопросы - это тест на реальность, чтобы больше узнать друг о друге, а не судить друг друга. Независимо от того, хорошими, плохими или безразличными ты находишь ответы своего любимого человека, соглашаешься ты с ними или нет, вопросы помогают вам обоим начать игру на одном поле. Цель здесь заключается в том, чтобы исправить или лучше поддерживать ваш мост.

Если ты начинаешь чувствовать себя уязвленным и обижаться на комментарии любимого человека, отступи и пересмотри их позже. Дело в том, что когда решаются некоторые повседневные вопросы, они могут вызвать обиду и боль из прошлого. Это часть процесса исправления. Ты должен признать и исправить прошлое, чтобы в будущем перейти к лучшим отношениям. Занимайся ими по очереди, пока все они не будут исправлены.

Давай начнем!

Друзья

Будь на одной волне

Партнеру нравятся твои друзья
когда они уважают твое пространство.
Друзья также могут быть нуждающимися, требовательными,
неразумными и эгоистичными, что вызывает
у твоего партнера неприязнь к ним.

Дружба

Вы не можете писать историю вместе,
если вы не на одной волне.

Дружба запускает ту часть мозга, которая заставляет тебя чувствовать себя хорошо. Друзья помогают тебе справляться со стрессом и делать лучший выбор в жизни. Друзья держат тебя в узде. Они помогают тебя не терять связь с реальностью и поднимают твой боевой дух.

Любимому человеку нравятся твои друзья, когда они уважают твое пространство, разумны и веселы и позволяют любимому человеку легко принять их. Друзья также могут быть нуждающимися, требовательными, неразумными и эгоистичными, что вызывает у твоего любимого человека неприязнь к ним. Надеюсь, у тебя нет таких друзей, которые звонят в неурочный час и ждут, что ты бросишь все свои дела, чтобы поговорить с ними.

Если ты не будешь осторожен, друзья обладают самой существенной способностью разрушать отношения. Почему? Из-за связи и доверия, которые строились годами. Друзья могут заставить твоего любимого человека сомневаться в твоих суждениях при принятии сложных решений. Прислушиваться к советам друга, а не любимого человека — значит напрашиваться на неприятности.

Точно так же следи за тем, сколькими грязным бельем ты делишься со своими друзьями. Это естественно - обращаться к друзьям за советом. Но слишком много друзей и слишком много мнений могут быть опасны для твоих отношений, особенно в вопросах, которые следует держать в тайне.

Так стоит ли тебе соревноваться с лучшими друзьями? Не стоит. Ты принимаешь и удостоверяешься, что ты на одной волне со своим любимым человеком в том, как друзья должны сосуществовать. Но иногда дружеские отношения выходят из равновесия или переходят границы. Если это происходит, то вполне нормально признать это вместе со своим любимым человеком и сказать: "Ты прав(а), я ошибаюсь".

Вопросы для Тебя и Твоего Любимого Человека:

Нравятся ли тебе мои друзья?

Находим ли мы компромисс в том, сколько времени каждый из нас проводит с друзьями по телефону или лично?

Установлены ли у нас границы в отношении того, каким количеством информации о наших отношениях мы делимся с друзьями?

Переступают ли наши друзья наши границы? Заставляют ли они нас совершать поступки, о которых мы потом жалеем?

Не являются ли наши друзья слишком требовательными?

Влезают ли наши друзья в нашу личную жизнь?

Появляются ли наши друзья неожиданно? Тебе когда-нибудь хотелось, чтобы они этого не делали, но ты ничего не говорил или находил этому оправдания?

Пользуются ли наши друзья нами, по отдельности или в паре?

Говорим ли мы когда-нибудь нашим друзьям "нет"?

Как ты думаешь, дают ли наши друзья нам плохие советы?

Как ты думаешь, могут ли наши друзья быть злыми или мстительными?

Как ты думаешь, способны ли мы отпустить друзей, которые не подходят для наших отношений? Считаешь ли ты, что мы ставим в приоритет приверженность друг другу, а не приверженность нашим дружеским отношениям?

ИНСТРУМЕНТ ДЛЯ УРАВНОВЕШИВАНИЯ ДРУЖЕСКИХ ОТНОШЕНИЙ: СОГЛАСИЕ

Когда дело касается друзей, реальная проблема заключается в том, что любимый человек может чувствовать, что он постоянно конкурирует с твоими друзьями либо во времени, либо во внимании. Это может создать недовольство внутри отношений.

Вторая вещь, которая возникает, - это если твой любимый человек не любит или не принимает твоих друзей. Давние друзья также могут чувствовать, что они конкурируют с твоим любимым человеком. Это может означать, что твой любимый человек хочет, чтобы ты устранил своего лучшего друга, или твой друг хочет вывести тебя из отношений, если чувствует угрозу. Это привносит драму в ваши отношения.

Инструмент "На Той Же Волне" — это способ вывести проблемы твоего друга с твоим любимым человеком на чистую воду, а также заставить твоего любимого человека открыться в отношении твоих друзей. Твой любимый человек, в конце концов, должен быть твоим лучшим другом. Как только ты поймешь реальные проблемы, твоя задача - устранить эти проблемы.

ПРАКТИЧЕСКАЯ МЕРА
ОБЩАЙСЯ
КАК ВПИСЫВАЮТСЯ ДРУЗЬЯ.

Пришло время пересмотреть определение дружеских отношений. Обе стороны должны четко осознать и признать, как друзья вписываются в отношения, сколько времени следует проводить с друзьями и насколько нужно быть вовлеченным. Также важно донести, насколько важна дружба и друг. Если ты хочешь и нуждаешься в дружбе, вы с любимым человеком можете найти компромисс и прийти к единому мнению по поводу правил.

Нахождение на одной волне - это также общение, когда ты чувствуешь, что твой любимый человек перешел черту и зашел слишком далеко с одним из твоих друзей. Ничего не говори, пока вы не останетесь вдвоем. Наедине обсуди, почему это произошло, и договорись, как сделать так, чтобы это никогда не повторилось.

Установление правил с друзьями — это критически важная часть инструмента "На Той Же Волне". Установление правил крайне важно, когда твой любимый человек считает, что твои друзья слишком часто приходят к тебе, или твой любимый человек считает, что ты слишком много пьёшь, когда находишься рядом с ними, или ты всегда поздно возвращаешься домой, когда гуляешь с друзьями, или кажется, что ты всегда тратишь много денег, или твой характер меняется в худшую сторону.

Установление правил необходимо, если в прошлом твои друзья считали, что могут заходить к тебе в любое время или что их мнение имеет значение, когда речь идет о твоем любимом человеке. Если друзья переходят границы, то действительно ли они друзья, с которыми тебе нужно общаться? Пойми, что это твоя работа, а не твоего любимого человека, держать своих друзей в узде. Другими словами, ты должен стать плохим парнем, а не твой любимый человек.

Если твои друзья оскорбляют или не уважают твоего любимого человека, это нужно прекратить. Пойми, что друзья на самом деле не имеют права голоса в ваших отношениях. Это не их место комментировать или выносить суждения. Есть только одно решение. Тебе нужно заступиться за своего любимого человека и дать друзьям понять, что это не может повториться, иначе дружбе конец. Когда они не уважают твоего любимого человека, они не уважают тебя.

Когда ты перегружен в своём рабочем графике и жизни, а у твоего любимого человека мало времени на тебя, как ты можешь ожидать, что он захочет, чтобы ты проводил время с друзьями, когда им пренебрегают? Вполне нормально отменить еженедельную игру в боулинг, когда твоя пропускная способность низкая. Настоящие друзья поймут. Думай о друзьях как о том, что у них есть отведенное время. Просто будь справедлив и помни "Любимый человек превыше всего".

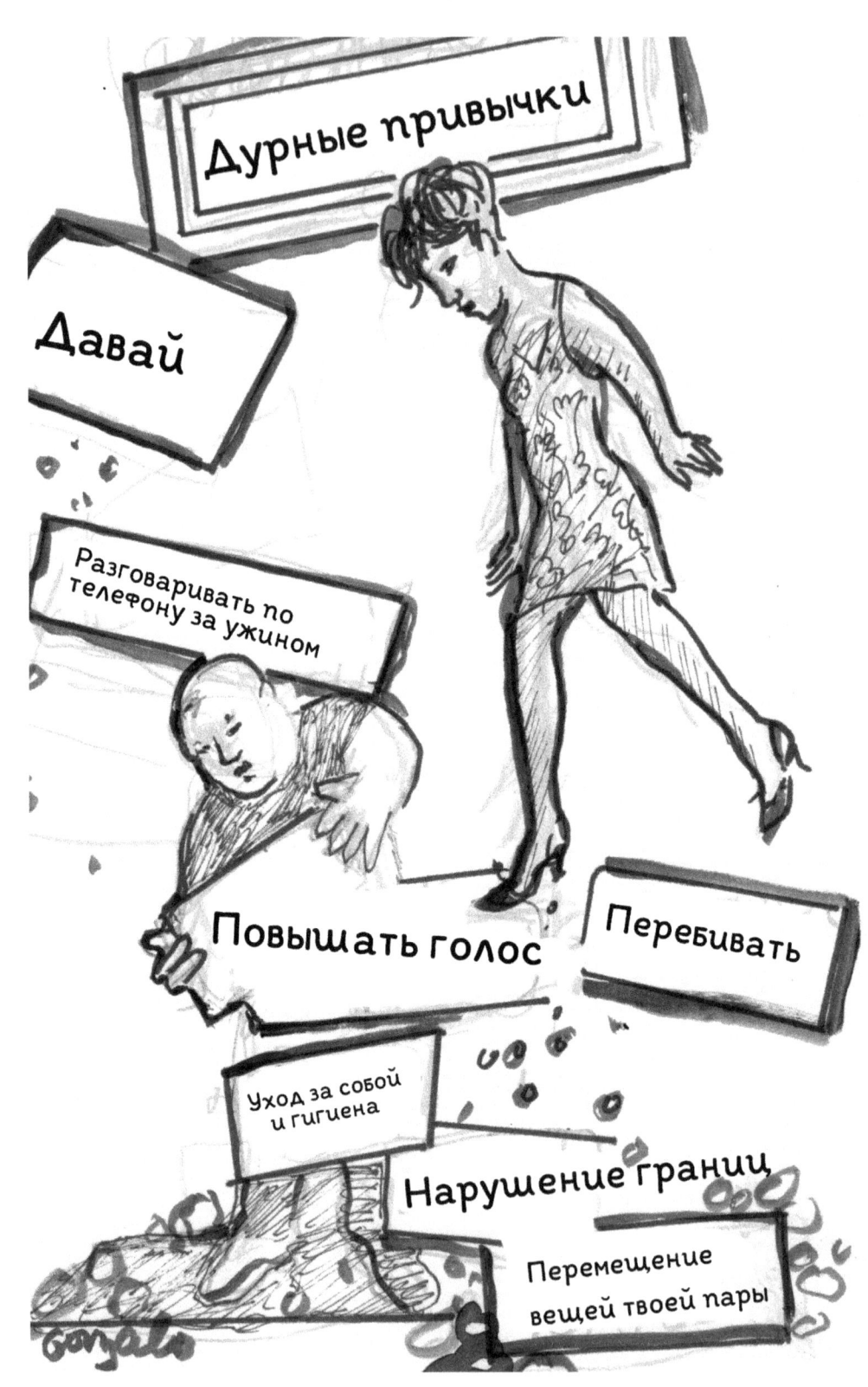

Привычки

**Привычки подобны удобной кровати -
легко забраться в нее, но трудно выбраться.**

Давай определим два типа вредных привычек: действие и отношение. У каждого есть вредные привычки, и любимые люди мирятся со многими. Именно в те перегруженные дни плохие привычки могут действительно вывести твоего любимого человека из себя.

Действующие Плохие Привычки - это привычки, которые мы все знаем и в которых были виновны в то или иное время. Ты знаешь такие: плохая ухоженность и гигиена, еда с открытым ртом или бездумное поведение, например, оставление посуды в раковине, перенос вещей партнера без предупреждения или парни, оставляющие сиденьс унитаза поднятым. Прерывать своего любимого человека в разговоре или говорить "нет" тем вещам, которые хочет сделать твой любимый человек, также могут быть плохими привычками. Это лишь несколько вещей, которые могут заставить голову твоего любимого человека взорваться.

Другой тип Действенных Плохих Привычек — это долгое время разговаривать по телефону или ещё хуже, есть во время разговора по телефону, оставаться на крючке социальных сетей, смотреть слишком много телевизора или играть в видеоигры, когда твоему любимому человеку нужно твоё внимание.

Вредные привычки, связанные с отношением, включают в себя неучастие в работе по дому, оправдания, почему секс уменьшился или отсутствует, или мнение, что ты всегда прав. Это такие мелочи, как игнорирование голоса или мнения любимого человека или молчание во время завтрака или ужина вместо того, чтобы вступить в разговор с любимым человеком. Со временем эти мелкие повседневные раздражения могут суммироваться и превратиться в огромную проблему.

Итак, когда ты начал считать, что эти плохие привычки - это нормально? Пойми человеческую природу: Если то, что ты делаешь, беспокоило твоего любимого человека в самом начале, то, уверяю тебя, это беспокоит его и сейчас; возможно, ты просто больше не слышишь об этом. Если плохие привычки вышли из-под контроля, то вполне нормально признать их и сказать: "Ты прав, я не прав".

ВОПРОСЫ ДЛЯ ТЕБЯ И ТВОЕГО ЛЮБИМОГО ЧЕЛОВЕКА

Есть ли у нас проблемы с гигиеной? Делаем ли мы когда-нибудь жизнь друг друга менее приятной: неприятный запах изо рта, волосы в неположенных местах, нерегулярное принятие ванны, неприятные запахи или ношение грязной одежды?

Внимательны ли мы друг к другу? Есть ли вещи, которые мы делаем или не делаем, и которые было бы легко устранить? Примеры: оставлять сиденье унитаза поднятым, оставлять без колпачка зубную пасту, использовать что-то и не заменять, когда оно заканчивается, перебивать друг друга, оставлять кучи по всему дому.

Есть ли привычка, которую ты просил меня изменить, но я не сделал этого? Примеры: слишком много жаловаться, быть негативным, не участвовать в домашних делах или не решать вопросы по дому, слишком много говорить о работе, думать, что моя работа важнее твоей, пропускать встречи с друзьями или семьей.

Есть ли у нас привычки плохого отношения к работе, которые нам нужно изменить? Примеры: оттягивание времени, слишком часто опаздывать, не обращать внимания, когда ты просишь изменить привычку.

Пытались ли мы изменить плохие привычки, которые, как мы знаем, достают друг друга? Если мы не смогли измениться, то как мы можем стать лучше?

Держишься ли ты за плохую привычку, которая меня раздражает, потому что для тебя это не проблема?

Если ты просишь меня прекратить что-то делать, могу ли я остановиться?

ИНСТРУМЕНТ ДЛЯ ПРИВЫЧЕК: ОСТАНОВИСЬ

Начни с составления списка вредных привычек, которые ты хочешь изменить. Реальность такова, что если ты делаешь что-то, что беспокоит твоего любимого человека, то почему бы тебе не попытаться сделать это лучше? Вредные привычки требуют усилий для изменения, и это может даже казаться трудным, но это не невозможно. Инструмент Давай, говорит: "Ты умный. Разберись в этом. Ты знаешь, что беспокоит твоего любимого человека. Теперь приложи усилия, чтобы изменить это".

ПРАКТИЧЕСКАЯ МЕРА
ИДИ НА КОМПРОМИСС
ПРОСТО ОТПУСТИ. ВОСПОЛЬЗУЙСЯ ПРАВИЛОМ 21 ДНЯ И НАЧНИ УСТРАНЯТЬ ВРЕДНЫЕ ПРИВЫЧКИ, КОТОРЫЕ СВОДЯТ С УМА ТВОЕГО ЛЮБИМОГО ЧЕЛОВЕКА.

Давай воспользуемся правилом 21 дня для устранения твоих вредных привычек. Это то старое правило, которое гласит, что если ты применяешь новое поведение в течение 21 дня, то оно становится нормой. Запиши напоминания. Приклей стикеры на зеркало или сделай пометку в календаре, чтобы напоминать себе о необходимости держать себя в руках. Придумай практические способы убрать искушение со своего пути. Если ты проводишь слишком много времени в телефоне, положи его в ящик во время ужина - с глаз долой, из сердца вон. Обдумывай свой прогресс каждый день в течение 21 дня и корректируй то, что пока не работает. После 21 дня усилий это должно стать нормой, если ты будешь верен этому упражнению.

Пойми, что когда ты будешь занят или устанешь, твои вредные привычки поползут обратно. Когда это произойдет, поставь их под контроль и перезагрузись. Цель здесь состоит в том, чтобы устранить как можно больше вредных привычек. Знай, что при последовательной сосредоточенности со временем они просто уйдут.

Система вознаграждения - это отличное подспорье для устранения вредных привычек. Самая простая система вознаграждения - это та, на которую соглашается твой любимый человек. Твой любимый человек может вознаградить тебя разными способами, например, дать тебе свободу действий, чтобы ты играл в гольф все выходные с приятелями или часами играл в видеоигры, или уехал с друзьями в путешествие. Вознаграждения нужно обсуждать, согласовывать и соблюдать.

Привычки, основанные на таком отношении, как откладывание дел, постоянное опоздание, отказ от домашних дел или семейных мероприятий, несправедливы по отношению к твоему партнеру. Здесь ты можешь использовать инструмент "На Одной Волне". Постарайся понять, почему ты делаешь то, что делаешь. Может быть, это чисто эгоистично, и у тебя нет времени, чтобы утруждать себя? Это просто несправедливо и создаст несбалансированные отношения. Как у тебя может быть счастливый любимый человек, который уважает тебя, если ты не заботишься о том, как он себя чувствует? Ты создашь молчаливого любимого человека с накопившимися обидами, разочарованием и стрессом.

В конечном итоге ты хочешь заменить свои плохие привычки на хорошие. Ты составил список вредных привычек, которые хочешь изменить. Теперь давай составим список полезных привычек, которые ты хочешь делать вместо них. Сообщи своему любимому человеку о хороших привычках, которые ты хочешь внедрить, например, больше говорить, чаще обсуждать совместные планы или опускать сиденье в туалете. Когда ты делаешь то, что обещал, твой любимый человек даёт тебе знать об этом, чтобы ты мог сознательно быть в курсе (и показывает тебе, что он обращает внимание). Со временем ты обнаружишь, что твои худшие привычки были отодвинуты на второй план позитивными намерениями в твоих хороших привычках.

Хобби и Спорт

Мы прерываем эти отношения
чтобы открыть для вас футбольный сезон.

Хобби и спорт - это отличный душевный отдых и необходимая часть жизни. Но хобби и спорт могут сделать тебя пропавшим, если слишком увлечься. Эти занятия могут выйти из-под контроля, и это несправедливо по отношению к твоему любимому человеку. Если ты тратишь слишком много времени на эти занятия и недостаточно времени со своим любимым человеком, он может почувствовать, что конкурирует с другой частью твоей жизни. Кто хочет играть в эту игру? Никому.

Итак, когда дело доходит до хобби и спорта, ты находишь баланс? Если каждая минута твоего свободного времени тратится на мысли о спорте или хобби, то это несбалансированно. Еще хуже, когда ты можешь помнить все о статистике игроков, зарплатах и датах, но забываешь о своей годовщине или датах рождения своих детей или, что еще хуже, своего любимого человека. Это определенно беспорядок и случается чаще, чем ты думаешь.

Если твое настроение зависит от итогового счета, то спорт может разрушить твои отношения, особенно если ты более эмоционален по отношению к игре, чем к своему любимому человеку. Действительно.

Итак, кто же делает все покупки, заботится о семье и стирает, пока ты придумываешь свой следующий критический ход в фэнтези-футболе? О, твой любимый человек! Правда? Где же баланс и компромисс в этих отношениях?

Хобби и спорт пересекают границы. Если такое случается, нормально признать это и сказать: "Ты прав(а), я ошибаюсь".

ВОПРОСЫ ДЛЯ ТЕБЯ И ТВОЕГО ЛЮБИМОГО ЧЕЛОВЕКА

Балансируем ли мы наши отношения с нашим вниманием к хобби или спорту?

Пренебрегаем ли мы когда-нибудь друг другом из-за того, что хобби или спорт отнимают слишком много времени или энергии?

Отказываемся ли мы когда-нибудь от домашних обязанностей из-за хобби или спорта?

Позволяем ли мы друг другу расслабляться здоровым образом с помощью наших хобби и спорта?

Врали ли мы когда-нибудь друг другу о том, сколько времени мы тратим на хобби и спорт?

Проводим ли мы больше свободного времени с хобби и спортом, чем об этом знает другой?

Используем ли мы когда-нибудь хобби или спорт, чтобы отключиться или убежать от отношений?

Заставляем ли мы когда-нибудь друг друга отменять спортивные мероприятия или хобби? Злит ли нас это друг на друга?

Ждём ли мы с нетерпением наших хобби или спорта больше, чем времяпрепровождения друг с другом?

Позволяем ли мы нашим спортивным интересам диктовать наше настроение? Радуемся ли мы, когда наши команды выигрывают, но впадаем в депрессию, когда они проигрывают?

Проводим ли мы свои выходные за просмотром спортивных соревнований вместо того, чтобы проводить время друг с другом?

Пропускаем ли мы когда-нибудь семейные обязанности в пользу спортивного мероприятия?

ИНСТРУМЕНТ ДЛЯ ХОББИ И СПОРТА: ДЕЙСТВИТЕЛЬНО

Инструмент Действительно - это именно то, что нужно. Если тебе Действительно нужно посмотреть игру, то тебе Действительно нужно сначала выполнить взятые на себя обязанности. Если тебе Действительно нужно сыграть два раунда в гольф в субботу утром, то закончи хотя бы один пункт из списка дел, а затем попроси своего любимого человека о свободном проходе. Встань пораньше и выполни задание, и свобода будет твоей. Инструмент Действительно - это все о многозадачности, управлении временем и вознаграждении; это "давать и брать".

Умение расставлять приоритеты и достигать компромисса со своим любимым человеком - важнейший компонент успешных отношений. Если ты считаешь своё хобби и спорт важной частью своей жизни, крайне важно обеспечить удовлетворение потребностей любимого человека в первую очередь. Если вопросы, связанные со списком дел, отходят на второй план по сравнению с игрой, то включи инструмент Действительно.

Отличный способ начать - спросить у своего любимого человека, что для него является критически важным. Когда ты составишь этот список вместе с любимым человеком, спроси еще раз, есть ли что-то еще. Они вспомнят все эти мелочи, когда ты спросишь об этом во второй раз. Цель состоит в том, чтобы получить все мысли твоего любимого человека о том, что нужно сделать.

Управление временем и планирование наперед — вот твои друзья здесь. Организуй и спланируй весь список дел твоего любимого человека, продумав все инструменты и материалы, которые понадобятся для завершения проекта. Когда ты идешь в хозяйственный магазин, ты приобретаешь все необходимое и экономишь время.

ПРАКТИЧЕСКАЯ МЕРА
ЗАДАЙ ВОПРОС
МОЖЕШЬ ЛИ ТЫ ПРОСТО НА ОДИН ВЕЧЕР ВЗЯТЬ И ПОРАБОТАТЬ НЕСКОЛЬКО ЧАСОВ НАД СПИСКОМ ДЕЛ.

Самое главное, заканчивай проекты, которые ты начинаешь. Это нормально, если ты хочешь быть многозадачным и начать несколько проектов одновременно, потому что это имеет смысл, но все они должны быть завершены, прежде чем ты добавишь какую-либо новую задачу. Когда всё будет сделано, попроси своего любимого человека просмотреть твою работу и получи его мнение. Это укрепляет доверие и заставляет твоего любимого человека чувствовать связь. Как ни странно, это также укрепляет вашу любовь. Не недооценивай влияние на своего любимого человека, когда ты меняешь эту старую дверную ручку или красишь стену в гараже. По моему опыту, когда ты сначала делаешь самые простые вещи, это заряжает энергией для завершения списка.

Вот еще одна часть инструмента Действительно. На каждые два часа, которые ты тратишь на списки дел, попроси один час игрового времени. Инструмент Действительно - это управление временем. Думай об этом также как о вознаграждении.

Допустим, в списке 40 пунктов. Вот что я делаю. Я записываю список и решаю десять простых пунктов, на выполнение каждого из которых уходит менее 30 минут. Затем на эти выходные составь расписание по каждому пункту. Скажем, ты начинаешь в 8 утра, и напротив каждого пункта поставь время, в которое ты рассчитываешь его выполнить. Когда ты придешь к тому времени, когда обещал закончить, а ты уже опаздываешь, не сдавайся. Закончи все десять пунктов. В следующих десяти пунктах постарайся улучшить свое планирование, пока не овладеешь им.

Каждый раз, когда ты выполняешь десять пунктов, попроси своего любимого человека просмотреть их. Они найдут проблемы, но это нормально. Иногда, когда ты просто отступишь назад, ты поймешь, что они правы. Не спорь. Просто переделай все заново, потому что если все не сделано правильно, это не считается выполненным.

Когда ты выполнишь все 40 пунктов, может пройти месяц, но я обещаю тебе, что ты увидишь разницу в отношении твоего любимого человека к тому, чтобы давать тебе время для игр.

Итак, давай начнем, и позволь мне помочь тебе стать хозяином в своей сфере. В итоге ты заслужишь любовь, дружбу, доверие, и - что самое важное - твой любимый человек почувствует настоящие отношения.

Работа

**Не стоит искать счастья только через работу.
Потому что работа без любимого человека - это одиночество.**

Ты трудоголик или у тебя сбалансированная работа-жизнь? Если ты трудоголик, который проводит в офисе по 80 часов в неделю или приходишь домой с желанием пожаловаться на начальника или надоедливых сослуживцев, тебе нужно знать, что выбор карьеры часто влияет на твои отношения и даже разрушает их. Это естественно - приходить домой и выплескивать мысли о работе, то есть ты говоришь как о хорошем, так и о плохом. Именно постоянные жалобы на плохое могут со временем утомить твоего любимого человека.

Считаешь ли ты, что ставить рабочие приоритеты выше ваших отношений - это приемлемо? Если ты обнаружил, что отказываешься от занятий, которыми обычно занимаешься вместе с любимым человеком, например, от похода в кино, посещения друзей или просто приятного совместного времяпрепровождения, то, возможно, ты оказываешь излишнее давление на отношения.

Если ты задерживаешься в офисе допоздна, чаще бываешь на выходных или всё чаще приносишь работу домой, есть шанс, что ваши отношения будут напряжёнными. Если у тебя проблемы с разделением работы и личной жизни, то, скорее всего, ты будешь пускаться в разговоры о людях и проектах, даже не осознавая этого. Если тебе буквально не о чем поговорить с любимым человеком, кроме как о работе, то это проблема.

Если твой любимый человек обижается на твою работу и хочет, чтобы ты уволился, это может проявиться в других сферах, и твой любимый человек может стать менее терпеливым или более раздражительным. Если ты приносишь стресс от работы домой, то, возможно, ты вымещаешь его на своем любимом человеке в несвязанных областях. Внезапная ссора с любимым человеком по поводу вещей, о которых вы раньше никогда не спорили, скорее всего, не случайна.

Работа будет переходить границы. Если ты позволил этому случиться, то нормально признать это и сказать: "Ты прав(а), я ошибаюсь".

ВОПРОСЫ ДЛЯ ТЕБЯ И ТВОЕГО ЛЮБИМОГО ЧЕЛОВЕКА

Устраивает ли нас то, сколько времени и внимания мы тратим на свою работу?

Пренебрегаем ли мы когда-нибудь домашними делами или обязанностями из-за работы вне дома?

Контролирует ли работа наши отношения или оказывает на них слишком большое давление?

Сбалансирована ли у нас жизнь, когда речь идёт о работе и семейном времени?

Устанавливаем ли мы справедливые границы, когда нам приходится приносить работу домой?

Не слишком ли много мы говорим о работе, когда находимся вместе дома?

Обижаемся ли мы когда-нибудь друг на друга за то, что работаем по выходным или слишком поздно вечером?

Стрессуем ли мы по поводу работы, когда мы не на работе? Не крадет ли этот стресс время и энергию у наших отношений?

Зацикливаемся ли мы на своей работе, когда должны наслаждаться друг другом или проводить время с семьей или друзьями?

Отменяем ли мы когда-нибудь личные приоритеты из-за работы?

Бывает ли так, что мы прячемся на работе вместо того, чтобы вернуться домой?

Остаёмся ли мы занятыми на работе, так что остаётся мало времени на семью или друг на друга?

ИНСТРУМЕНТ ДЛЯ РАБОТЫ: ДЕРЖИТЕ СВОЕ СЛОВО

Работа мешает сбалансированной жизни, потому что во многих случаях работа или карьера заставляет тебя чувствовать себя нужным. Она может дать то чувство цели и свершения, которое питает эго. Стремление и мастерство, которые требуются, чтобы сразить драконов, могут быть довольно резкими. Легко попасть в плен импульса. Это когда ты говоришь, что будешь дома через час, а на самом деле входишь в дверь на три часа позже.

Инструмент Держи Своё Слово может помочь тебе сохранить баланс в отношениях. Он отражает твою целостность, приверженность и надежность, ежедневно показывая, что ты тот, на кого твой любимый человек может рассчитывать. Речь идет о том, чтобы установить реалистичные ожидания со своим любимым человеком и затем выполнить их.

ПРАКТИЧЕСКАЯ МЕРА
ДЕЛАЙ ПРАВИЛЬНЫЙ ВЫБОР
ВСЮ ЭТУ НЕДЕЛЮ РАБОТАЙ НАД ТЕМ, КОГДА ТЫ ГОВОРИШЬ, ЧТО ОБИРАЕШЬСЯ ЗАНЯТЬСЯ КАКИМ-ТО ДЕЛОМ ИЛИ БЫТЬ ДОМА В ОПРЕДЕЛЕННОЕ ВРЕМЯ. ПРОСТО ДЕЛАЙ ЭТО.

Начни с того, что кажется таким простым и в то же время таким трудным: держи свое слово о том, когда ты будешь дома. Это так просто. Представь, что каждый вечер - это вечер Суперкубка, и ты должен попасть домой к 6 вечера, чтобы ничего не пропустить. Я обещаю, что в предвкушении ты будешь дома в 5:30.

Если ты из тех людей, которые теряют счет времени, поставь будильник на рабочий календарь, смартфон или часы. Если тебе все еще трудно, попроси своего любимого человека позвонить тебе, чтобы поддерживать тебя в правильном русле. Самое главное здесь - сдержать свое слово.

Когда ты дома, выключи свой телефон. Если у тебя есть люди с работы, у которых нет границ, скажи им, чтобы они не звонили после определённых часов, если только это не экстренный случай. Если тебе нужно закончить работу, а твой любимый человек хочет провести время с тобой, проснись рано утром на следующий день и закончи работу.

От тебя зависит, как сбалансировать свою рабочую нагрузку. Некоторые виды бизнеса цикличны. У работы могут быть кризисные времена, которые могут повлиять на ваши отношения на какой-то период. Если это похоже на твой случай, лучше всего открыто сказать об этом своему любимому человеку. Когда кризис закончится, верни всё в нормальное русло. Убедись, что ты находишься на одной волне в отношении взаимных долгосрочных и краткосрочных целей. Если твои планы изменились, поделись ими. Но на каждом шагу, независимо от ситуации, держи свое слово.

Держать слово означает, что ты наверстываешь упущенное время с любимым человеком другим способом, возможно, уходя на работу раньше или задерживаясь допоздна в другой вечер, если у тебя нет проблем с тайм-менеджментом на работе, которые также требуют решения.

Приобретение привычки применять инструмент Держи Слово заставит тебя переключить своё мышление с работы на построение более позитивных отношений. Помни, что ты тоже нужен своему любимому человеку. Это может даже показать тебе, как подходить к работе так, чтобы она была менее стрессовой и более продуктивной. Просто говорю.

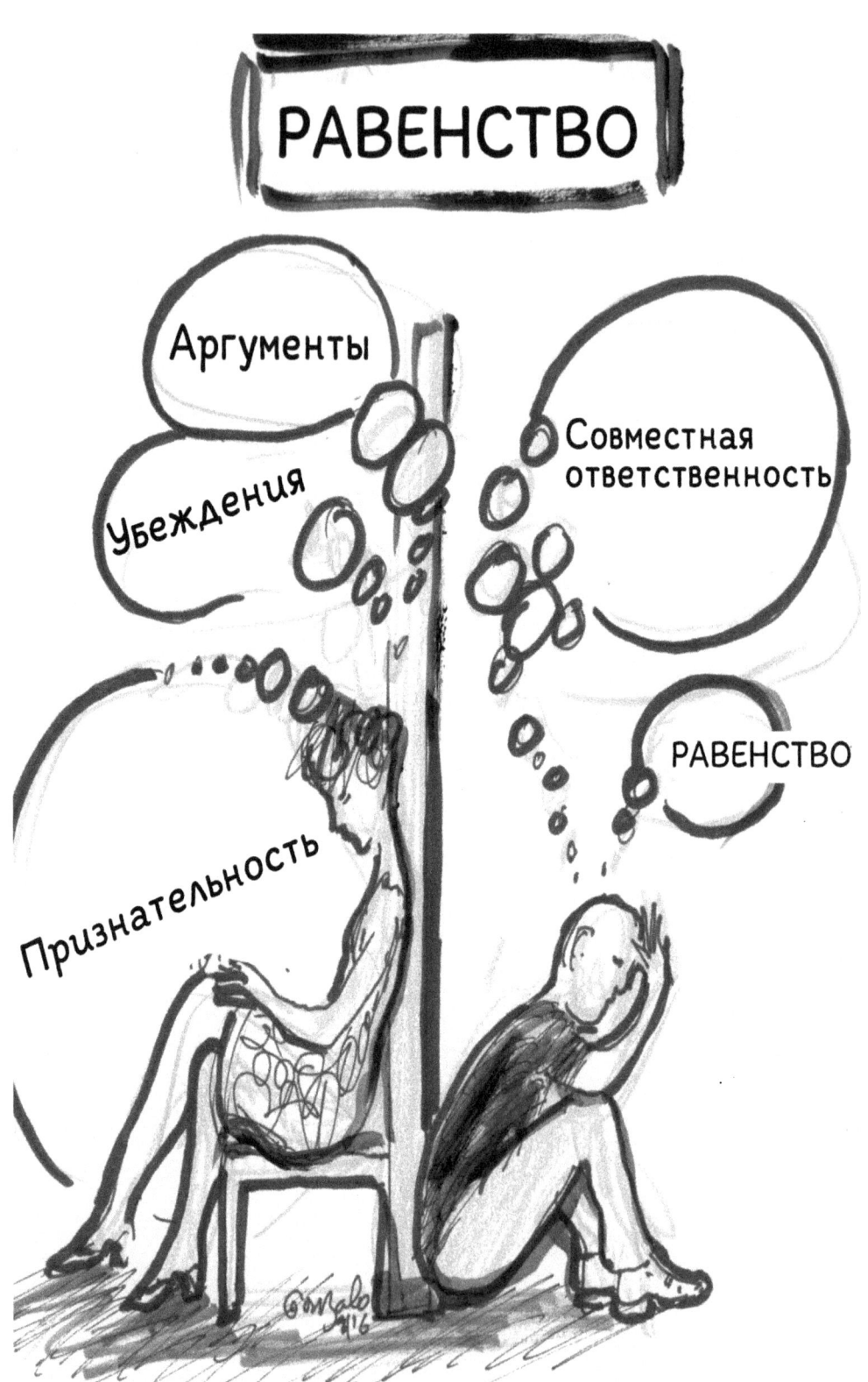

Глава 8:
Ежедневные Инструменты Равенства для Отношений

Аргументы

Инструмент "Прости меня"

Лногда
Все, что
нужно
услышать
Твоейвторой
половинке
Это то, что ты
сожалеешь

В итоге,
Правильно это Или нет
Просто извинись

Аргументы

Что ты предпочитаешь: быть правым или быть счастливым?

Что, если на этой неделе ты будешь спрашивать мнение своего любимого человека обо всём важном, слушать и использовать его мнение, когда это возможно? Что, если на этой неделе каждый вечер ты остановишься и просто позволишь своему любимому человеку высказаться и обсудить всё без прерываний и осуждений? Что, если ты устроишь "День Да" и будешь говорить "да" всему, что хочет твой любимый человек? Если у твоего любимого человека есть склонность обесценивать твои чувства, когда ты расстроен или когда вы спорите, это обидно. Мало того, это также не способствует здоровым и конструктивным отношениям в долгосрочной перспективе.

В отношениях ссоры и время от времени жаркие споры — это нормально. Когда эти ссоры переходят в полноценные споры, они могут быстро выйти из-под контроля. Есть большая разница между тем, чтобы о чём-нибудь проговориться, и тем, чтобы быть совершенно злонамеренным. Это нездорово, если в пылу ссоры вы начинаете обвинять друг друга или опускать друг друга.

Ссоришься ли ты из-за того, что твой любимый человек не выполняет свою часть работы? Домашние обязанности и повседневная деятельность требуют решения и выполнения. Нет никакого оправдания тому, чтобы вымещать эти проблемы на своём любимом человеке.

Вы постоянно спорите из-за финансовых вопросов? Возможно, один из пары - транжира, а другой - более бережливый. Еще хуже, если ваши средства на исходе. Вопросы, связанные с деньгами, часто называются основной причиной расставания. Споры из-за денег означают, что ты не находишься на одной волне со своим любимым человеком.

Проблемы друзей и семьи создают больше споров, чем ты думаешь, что это возможно. Эта область пересекается с таким количеством эмоциональных элементов, и на людей она влияет по-разному. Поэтому, когда любимому человеку не нравятся друзья или семья или он считает, что они слишком вмешиваются в твою жизнь, это проблема.

На преодоление проблем с ревностью может уйти много времени. Ссоры из-за этих вопросов могут привести к большим проблемам и могут перейти границы. Если такое случается, нормально признать это и сказать: "Ты прав(а), я ошибаюсь".

ВОПРОСЫ ДЛЯ ТЕБЯ И ТВОЕГО ЛЮБИМОГО ЧЕЛОВЕКА

Мы слишком много спорим?

Обычно ли один из нас доминирует в споре?

Заканчиваем ли мы обычно спорить после того, как один из нас принимает решение?

Чувствуем ли мы себя менее близкими, чем хотелось бы, до или после спора?

Спорим ли мы из-за глупых вопросов?

Спорим ли мы из-за того, что один из нас бывает дома не так часто, как хотелось бы другому?

Ссоримся ли мы из-за того, что один из нас помогает меньше, чем другой?

Спорим ли мы из-за того, что тратим слишком много денег или тратим на то, о чём не договаривались?

Ссоримся ли мы из-за того, что в наших отношениях слишком мало романтики?

Спорим ли мы по поводу удовлетворения наших потребностей?

Спорим ли мы о вредных привычках друг друга?

Спорим ли мы о проблемах с семьей или друзьями?

Спорите ли вы о том, сколько времени вы проводите на своей работе?

ИНСТРУМЕНТ ДЛЯ АРГУМЕНТОВ: ПРОСТИ

Сказать "Прости" - значит пройти долгий путь к исцелению разрыва связи и боли, которые сопровождаются ссорами. Ключ к пониманию этого - помнить, что ты извиняешься не за то, что был неправ. Ты извиняешься за то, что не находишься на одной волне.

Знаешь ли ты что-нибудь более важное, чем возможность возвращаться домой к любимому человеку, который хочет, чтобы ты был рядом? Угадай, что - если ты слишком много споришь, возможно, твой любимый человек не хочет, чтобы ты был рядом так сильно, как ты думаешь. Поэтому задай себе такой вопрос: Не слишком ли много я спорю?

Кажется, что у тебя есть все ответы и ты веришь, что всегда прав? Если да, то пойми, что это означает, что ты также считаешь, что твой любимый человек всегда не прав. Все, что это делает, - дает твоему любимому человеку повод для разъединения. Попробуй вспомнить, когда ты думал, что был прав, только затем, чтобы выяснить, что выбор твоего любимого человека был лучше. Я выработал навык останавливаться и дышать, прежде чем настаивать на своем пути. В очень многих случаях решение моего любимого человека было правильным.

ПРАКТИЧЕСКАЯ МЕРА
ЗАДАЙ ВОПРОС
ДЕЙСТВИТЕЛЬНО ЛИ ТЕБЕ НУЖНО БЫТЬ ПРАВЫМ?
ДЕЙСТВИТЕЛЬНО?

Это умение понимать, что может существовать более одного способа подойти к решению сложной задачи. Когда я сомневаюсь, я напоминаю себе, что нужно спросить: "Ты предпочитаешь быть правым или ты предпочитаешь быть счастливым? " Не забывай говорить "Прости", когда заходишь слишком далеко. Это простой инструмент, который может сотворить чудо.

Отвечая на гнев гневом, ты эскалируешь напряжение и затрудняешь решение любой проблемы. Это только усугубляет ситуацию. Поэтому не раздувай разговор до предела, споря. Если в следующий раз всё накалится, дай своему любимому человеку понять, что тебе нужно время, чтобы успокоиться и продолжить рациональный разговор. Всё дело в том, чтобы научиться держать себя в руках.

Хуже всего спорить с любимым человеком публично. Это может быть унизительно для любого человека и просто неправильно. Никогда не повышай голос на своего любимого человека на публике. Договорись решать все негативные вопросы наедине. Объясни это своему любимому человеку и придерживайся этого. Возможно, ты захочешь договориться использовать зрительный контакт или язык тела, чтобы сигнализировать о наличии проблемы. Это позволяет держать ситуацию под контролем и открыто обсуждать ее позже наедине.

Пойми, что, когда дело доходит до споров, тебе нужно выбрать, какая из битв для тебя важнее. Успешные отношения подходят к решению вопросов с той точки зрения, что по важным темам должны быть взаимные уступки.

В разгар ссоры может быть легко соскользнуть обратно в тот же самый спор. Такие слова, как "ты всегда" или "никогда", только обостряют спор. Сделай шаг назад и рассмотри спор с точки зрения своего любимого человека. Если твой любимый человек сильно переживает по какому-то вопросу, и ты действительно можешь пойти по любому пути, но гордость мешает, просто отпусти ситуацию и уступи. Ты будешь спать лучше.

Гордость — это, конечно, здорово, но гордость также убивает отношения. Это создает клин между тобой и твоим любимым человеком, который разрушает близость, подрывает доверие и лишает мира с любимым человеком. Я ошарашен тем, как наш мозг может заставить невероятные вещи казаться реальными до такой степени, что они становятся реальностью. Например, когда я говорю своим приятелям, что, приходя домой, я всегда стараюсь метафорически засунуть свои яйца в шкаф, они говорят: "Не может быть - этого не может быть". Это значит, что я оставляю своё эго на улице, чтобы оно не мешало мне соединиться с любимым человеком. Я возвращаюсь домой смиренным, уважительным, любящим, заботливым и без желания быть жестоким, спорить или быть правым, когда дело касается моего любимого человека. О, и поскольку это метафора, яйца могут относиться к любому полу.

Знаешь поговорку: "Что происходит в Вегасе, то остается в Вегасе"? Все, что твой любимый человек говорит во время ссоры, должно оставаться там. Если слова, сказанные им во время ссоры, раздражают тебя на следующий день, дай себе передышку, а не подходи к ним снова так скоро. Слишком частое поднятие темы ссоры может привести к разговорам по кругу, а не к разрешению проблемы. Подходи к разговору с инструментом "Прости".

Убеждения

Уважает
Пространство
Друг
Друга

Ценности

Сексуальность

Воспитание Семьи

Различия

**Самое лучшее чувство в мире
это быть желанным таким, какой ты есть.**

Отношения непросты, когда речь идет о преодолении убеждений, но любовь безумна. Тем не менее, различие в вере, политических взглядах или моральных воззрениях может поставить под вопрос твои отношения, даже между самыми преданными друг другу парами.

Когда мы говорим об убеждениях, на первый взгляд, это кажется незначительной темой. Но она является одной из самых важных, поскольку охватывает широкий круг вопросов. Переступил ли ты черту, обсуждая убеждения своего любимого человека, и обидел его? Когда это произойдет, он даст тебе знать, что ты перешел эту черту. То, что ты будешь делать дальше, имеет решающее значение.

Этот политический мир может выйти из-под контроля. Обмениваться твитами или комментариями в социальных сетях - это одно, но как только ты переступаете черту в собственном доме, это уже проблема.

Совместная жизнь с любимым человеком, чьи религиозные взгляды отличаются от твоих, может стать стрессовой и подавляющей, если ты позволишь этому случиться. Чтобы построить крепкий союз, вам необходимо активно участвовать в жизни друг друга, особенно когда речь идет о традициях. Если ты откажетесь от этих основополагающих практик, это не только оттолкнет твоего любимого человека, но и может привести к расколу между тобой и твоим любимым человеком.

Уважение к убеждениям любимого человека имеет решающее значение. Длительными являются только те отношения, которые продолжают расти и развиваться, уважая индивидуальные цели и убеждения каждого человека. Найдите время, чтобы порадоваться друг за друга и найти радость в ваших различиях. Это может превратить различия в открытия и сделать обмен убеждениями приятным.

Убеждения будут пересекать границы. Если ты позволишь этому случиться, не страшно признать это и сказать: "Ты прав(а), я ошибаюсь".

ВОПРОСЫ ДЛЯ ТЕБЯ И ТВОЕГО ЛЮБИМОГО ЧЕЛОВЕКА

Уважаем ли мы убеждения друг друга? Уважаем ли мы друг друга в равной степени?

Считаем ли мы (возможно, втайне), что один из нас более прав, чем другой?

Уважаем ли мы право друг друга иметь мнение, отличающееся от мнения другого, когда убеждения являются главной темой разговора?

Навязываем ли мы друг другу наши разные убеждения?

Пытаемся ли мы найти точки соприкосновения, когда наши убеждения расходятся?

Обсуждаем ли мы все, когда наши убеждения становятся проблемой?

Уважаем ли мы религиозные или духовные убеждения друг друга?

Уважаем ли мы политические убеждения друг друга?

Уважаем ли мы подход друг друга к управлению финансами семьи?

Поддерживаем ли мы идеи и мечты друг друга, которые исходят из наших убеждений?

Позволяем ли мы друг другу делиться своими убеждениями с друзьями и родственниками?

ИНСТРУМЕНТ ДЛЯ РАЗЛИЧИЙ: УВАЖЕНИЕ

Это нормально, если твой любимый человек имеет серьёзные убеждения, полностью отличающиеся от твоих. Когда речь идет о религии, политике, детях и о том, как должен функционировать мир, вашим отношениям легче, когда вы находитесь на одной волне. Когда это не так, это может добавить давления и напряжения в любые отношения, и тогда необходимо использовать инструмент "Взаимное уважение". Позволяй своему любимому человеку иметь другую точку зрения без ненависти и яда. Здесь ключевую роль играет общение и мудрая пословица: соглашаться с тем, чтобы не соглашаться.

Поскольку мир меняется быстрыми темпами, многие разговоры в оффлайне и онлайне, похоже, сосредоточены на политике или здоровье. Различия, особенно на публичном форуме социальных сетей, не принято отмечать. Может наступить момент, когда убеждения твоего любимого человека подвергнутся нападкам со стороны окружающих. Если это так, ты должен встать на их защиту и отстаивание.

ПРАКТИЧЕСКАЯ МЕРА
ИДИ НА КОМПРОМИСС
ПЕРЕСТАНЬ СУДИТЬ. УВАЖАЙ МНЕНИЕ СВОЕГО ЛЮБИМОГО ЧЕЛОВЕКА.

Когда ты говоришь о своей точке зрения или мнении, не пытайся выдвинуть свою точку зрения только потому, что тебе это нужно или хочется. Это просто неправильно. Твой любимый человек имеет право на свое мнение. Большая часть мира забыла о том, что каждый человек имеет право на собственное мнение. Если ты хочешь поговорить со своим любимым человеком о различных убеждениях, то ты должен строить разговоры с позиции искреннего любопытства и уважения к своему любимому человеку.

Позволь своему любимому человеку открыто и честно выражать свои мысли и чувства. Не суди, не высмеивай и не отвергай своего любимого человека из-за разницы в убеждениях, и - что самое важное - избегай подходить к любимому человеку с мыслью, что ты изменишь его мысли. Если ты начнешь разговор с фразы "Как ты можешь думать...", то потерпишь неудачу.

Самая большая проблема, с которой могут столкнуться отношения, — это недостаток общения. Тебе нужно быть активным слушателем, не ссорясь. Цель состоит в том, чтобы улучшить взаимопонимание. Активное слушание требует усилий и сосредоточенности, и ты знаешь, что у тебя это хорошо получается, когда ты уделяешь внимание своему любимому человеку без отвлечений и осуждения и отвечаешь, не чувствуя, как твое кровяное давление зашкаливает. Умение проговорить разницу во мнениях имеет решающее значение. Уважать точку зрения своего любимого человека и получать уважение в ответ на свою точку зрения — вот что заставляет мир крутиться.

Пары, которые активно общаются, могут переждать бурю при существенных разногласиях. Когда ты не согласен со своим любимым человеком, применяй инструмент "Взаимное уважение". Если ты этого не сделаешь и будешь постоянно проталкивать свою точку зрения, ты в одиночку разрушишь ваши отношения.

Признательность

Если ты не будешь проявлять признательность, когда они этого заслуживают, они перестанут делать те вещи, которые ты ценишь.

Всем нам нравится, когда нас ценят, особенно те, кого мы любим. Признательность - это самый важный аспект удовлетворенности любимого человека. Пары, которые ежедневно ценят друг друга за все маленькие и большие вещи, которые они делают, в конечном итоге развивают культуру благодарности в своих отношениях. Обычно в отношениях бывают сезоны, когда пары не могут выразить признательность из-за того, что чувствуют себя перегруженными работой, состоянием здоровья или стрессом. Жизнь становится занятой, и мы склонны заниматься своими задачами, а привычки становятся нормой.

Отсутствие признательности в отношениях порождает обиду и является несправедливым с точки зрения отношений. По сути, это улица с односторонним движением. Нет необходимости устраивать большой спектакль каждый раз, когда любимый человек справляется со списком домашних дел или чем-то еще. Но, конечно, приятно, когда тебя благодарят. Когда чувства любимого человека переходят от желания заботиться о любимом человеке к ожиданию того, что о нём позаботятся, то такое полное отсутствие благодарности порождает обиду.

Признаки того, что недостаток благодарности давит на ваши отношения: Если твой любимый человек никогда не говорит "спасибо", не спрашивает твоего совета или мнения, строит планы, не спрашивая тебя, не выполняет свою часть работы, не делает ничего по особым случаям, не старается быть романтичным, неверен, не спрашивает тебя о твоём дне, не учитывает твои чувства, приходит и уходит, когда ему вздумается, или приводит друзей на ужин без спроса, или принимает участие в семейном мероприятии без спроса.

Невыражение признательности сигнализирует о том, что пары принимают друг друга как должное. Если ты забыл, что благодарность — это способ каждый день показывать свою любовь, то вполне нормально признать это и сказать: "Ты прав(а), я ошибаюсь".

ВОПРОСЫ ДЛЯ ТЕБЯ И ТВОЕГО ЛЮБИМОГО ЧЕЛОВЕКА

Благодарим ли мы друг друга как за маленькие, так и за большие вещи?

Знаем ли мы, чем каждый из нас больше всего гордится и за что больше всего хочет получить благодарность?

Спрашиваем ли мы друг друга, как прошёл день?

Ожидаем ли мы проявления благодарности, когда помогаем друг другу? Получаем ли мы ее?

Принимаем ли мы решения, не посоветовавшись друг с другом?

Отключаемся ли мы, когда разговариваем друг с другом? Действительно ли мы слушаем друг друга?

Говорим ли мы друг другу "нет" чаще, чем "да"?

Делаем ли мы регулярно комплименты друг другу?

Спрашиваем ли мы друг у друга совета?

Советуемся ли мы друг с другом, когда строим планы?

Часто ли мы ходим куда-то одни или с друзьями, оставляя другого спутника дома?

Делаем ли мы каждый свою долю работы и обязанностей?

Появляемся ли мы каждый на семейных мероприятиях?

Прилагаем ли мы оба усилия, чтобы быть романтичными?

Приходим ли мы и уходим, когда нам заблагорассудится? Держим ли мы друг друга в курсе нашего расписания?

ИНСТРУМЕНТ ДЛЯ ПРИЗНАТЕЛЬНОСТИ: Я ИДИОТ

Ценишь ли ты своего любимого человека за все, что он делает для тебя, или воспринимаешь его как должное? Не уверен? Напиши список всех вещей, которые они делают для тебя ежедневно, например, работа по дому, ужины, приготовление кофе по утрам, походы по магазинам, стирка, зарабатывание денег для оплаты счетов, получение технического обслуживания автомобиля, назначение визитов к врачу и так далее. Затем попроси их убедиться, что ты ничего не упустил. Вполне возможно, что твой любимый человек делает много такого, о чем ты даже не догадываешься.

Попроси своего любимого человека составить такой же список того, что ты делаешь для него и вашей семьи. Теперь сравни эти списки. Если они несут больше нагрузки, Хьюстон, у тебя проблема. В большинстве случаев список того, что делаешь ты, даже не сравнится с их списком. Именно здесь в игру вступает инструмент "Я Идиот".

Сказать "спасибо" кажется самым простым, самым очевидным способом выразить благодарность своему любимому человеку, но это редко делается. Поэтому, если ты не делаешь свою долю, признай, что " Я Идиот", и поблагодари своего удивительного партнёра. Что еще более важно, активируй энергию " Я разберусь" и начни делать свою долю.

ПРАКТИЧЕСКАЯ МЕРА
ДЕЛАЙ ПРАВИЛЬНЫЙ ВЫБОР
ЕЖЕДНЕВНО ПРОЯВЛЯЙ ЛЮБОВЬ И НЕЖНОСТЬ. НАЧНИ С КОФЕ В ПОСТЕЛЬ ИЛИ ПОЦЕЛУЯ.

Ты также можешь начать проявлять больше признательности, оставляя сладкие записки. Прячь их там, где твой любимый человек сможет легко найти: на приборной панели его машины, на зеркале в ванной или на его подушке. Удивительно, как маленькая любовная записка или телефонный звонок ни с того ни с сего, говорящий твоему любимому человеку, как сильно ты его любишь, может скрасить его день. Именно это будет поддерживать тепло отношений.

Если у твоего любимого человека была тяжёлая неделя, то слова "Я разберусь" будут значить для него всё. Дай им несколько часов спокойного времени, чтобы расслабиться в ванной или свернуться калачиком с книгой. Возьми на себя заботу о покупках, готовке, уборке обеденной посуды и помощи детям с домашним заданием.

Ты можешь сказать спасибо подарками: цветами или романтическим вечером свидания, все спланировано тобой, при этом во время свидания телефон должен быть надежно убран. Удиви своего любимого человека чем-то, что он увидел и полюбил, но не купил для себя. Кроме того, никогда не забывай об их дне рождения или Дне святого Валентина без открытки, цветов или чего-либо еще, чем ты можешь удивить своего любимого человека. Когда люди оправдываются, говоря, что это неважно, это неправда. Это всего лишь несколько дней в году. У тебя есть шанс показать, что ты благодарен, и это просто работает. Ни один любимый человек не скажет "нет" благодарности.

Ты также можешь добавить к своему режиму День Да. День "Да" работает так: какой бы ни был день и что бы ни попросил твой любимый человек, ты должен сказать "да". Итак, создай договор о пределах "просьб", о которых вы оба можете договориться. После первого раунда с обеих сторон контракт можно обновить. Итак, для начала назначь первую субботу каждого второго месяца днем "Да". Затем он чередуется с твоим любимым человеком, и у них свой день. Теперь твоя очередь говорить "да" всему, о чем попросит тебя любимый человек, в течение всего этого дня.

Этот день "Да" замечателен на многих уровнях. В этот день удовлетворяются все желания твоего любимого человека, особенно те, на которые обычно закрывают глаза. Несмотря на то, что это может быть тяжело для другого любимого человека, посмотри на это с другой стороны. В течение одного дня раз в два месяца твой любимый человек чувствует себя прекрасно. Это упражнение вновь оживляет отношения, потому что желания любимого человека удовлетворяются.

Твоя первая попытка провести "День Да" может поставить под сомнение отношения, потому что обычно первая реакция на просьбы - это сказать "нет". Но подумай об этом на мгновение. Это любимый человек, которого ты любишь и о котором заботишься, и у него есть просьба, которая сделает его счастливым. Зачем тебе отказывать им в этом? Я обещаю тебе, что если желания твоего любимого человека начнут удовлетворяться, он будет любить тебя еще больше.

День "Да" - это шанс для каждого любимого человека понять, что делает его счастливым. Ты также получишь окно в понимание того, чего, по мнению твоего любимого человека, ему не хватало. Это позволит любимому человеку удовлетворить свои требования крутым способом. Это также бросит вызов отношениям в тех местах, куда они никогда бы не пошли или не сделали. В конце концов, ты можешь даже понять, что можешь получать удовольствие от того, что никогда бы не попробовал.

Обязанности

Если ты считаешь, что место твоего любимого человека на кухне, также помни, что именно там хранятся ножи.

Отношения, по определению, означают совместное участие в каком-либо начинании. Пары не идеальны, но они должны чувствовать стабильность, быть верными и желать работать вместе. Если эти качества кажутся труднодостижимыми, то это породит недовольство.

Разделение обязанностей - два разумных и прямолинейных слова на поверхности. Но сними эту шелуху, и так много ссор, разводов, несчастья и обид происходит от этих слов.

Проблемы возникают из-за того, что один из пары хочет, чтобы другой принимал более активное участие в отношениях. Неважно, что ты президент компании и должен постоянно путешествовать. Конечно, ты можешь обосновать, что это твоя работа - обеспечивать финансовую поддержку семьи. Но если это означает, что ты не присутствуешь в отношениях, то все деньги в мире не заставят твоего любимого человека заботиться об этом. Им важно видеть, что ты действительно участвуешь в отношениях - разумом, телом и душой.

Если твой способ разделения ответственности заключается в привлечении сторонней помощи, то, возможно, технически ты и выполнишь работу. Но это не командная работа. Если ты не держишь себя в руках, не делаешь свою справедливую долю и не участвуешь, когда дело доходит до распределения обязанностей, это означает, что ты перекладываешь всё бремя на своего любимого человека. Это возвращается к чувству собственничества. Это создает обиду и дисбаланс в отношениях. Злость нарастает.

Когда ты вроде как разделяешь обязанности и считаешь это справедливым, знай, что твой любимый человек может воспринимать это совершенно иначе. Если ты не задашь этот вопрос своему любимому человеку, то никогда не узнаешь, считает ли он уровень твоих обязательств справедливым или проблемой.

Если выяснится, что ты был легкомысленным в распределении обязанностей, то вполне нормально признать это и сказать: "Ты прав(а), я ошибаюсь".

ВОПРОСЫ ДЛЯ ТЕБЯ И ТВОЕГО ЛЮБИМОГО ЧЕЛОВЕКА

Есть ли у каждого из нас постоянный стресс и беспокойство из-за того, что мы недостаточно помогаем друг другу?

Разделяем ли мы планирование семейных мероприятий и домашних дел?

Есть ли у нас незавершённые списки дел, которые висят уже больше шести месяцев?

Есть ли у нас равное количество свободного времени, или один из нас продолжает вкалывать, пока другой отдыхает?

Избегаем ли мы друг друга, оставляя одного из нас с бесконечным списком дел, в то время как другой бездействует?

Пристаём ли мы друг к другу с просьбой больше помогать, но получаем одну отговорку за другой?

Откладывает ли кто-то из нас работу по дому?

Бросаем ли мы свои дела, чтобы выполнить задание, когда другой просит?

Считаем ли мы, что другой партнёр несправедлив в своих ожиданиях?

Забываем ли мы делать то, что обещали сделать?

Ссоримся ли мы по поводу того, сколько усилий каждый из нас прилагает для поддержания отношений?

ИНСТРУМЕНТ ДЛЯ ВЫПОЛНЕНИЯ ОБЯЗАННОСТЕЙ: ПРОСТО ЗАТКНИСЬ И ДЕЛАЙ

Чтобы оказаться на одной волне со своим партнером и понять, что нужно каждому из вас, требуется работа. Цель состоит в том, чтобы решать их вместе, как пара, а не в одиночку, как коммандос. Будь тем умным и сообразительным любимым человеком, который вступает в игру и применяет инструмент Просто Заткнись и Делай.

Первая часть Просто Заткнись и Делай - это компромисс, а вторая часть - это организация. Это ключ к решению всех текущих задач. Помни, что обязанности по дому - это не только уборка. Такие вещи, как оплата счетов, ожидание на линии кабельной компании, планирование питания и покупка подарков на день рождения для членов семьи, также необходимы. Составление списков всех текущих задач, которые появятся в последующие недели, и даже создание доступного для всех календаря показывают, кто за что отвечает. Если один из партнёров захворает, другой должен знать, что нужно просто заткнуться и сделать это. Это отношения, и для победы в игре нужна команда.

Пойти на компромисс — значит придумать справедливый способ разделить обязанности. Поскольку мы взрослые, а обязанности по дому заставляют всех чувствовать себя пятилетними, мы будем называть обязанности по дому "деятельностью". Итак, раздели деятельность поровну. Начни с распределения деятельности, основываясь на тех областях, в которых ты хорош. Секрет того, как избежать тех же старых споров, заключается в том, чтобы завершить свой список дел. Если любимый человек не справляется со своими обязанностями, скажи ему об этом и сократи время его игры до тех пор, пока он не выполнит все дела.

ПРАКТИЧЕСКАЯ МЕРА
ОБЩАЙСЯ
ВОЗЬМИ НА СЕБЯ ИНИЦИАТИВУ, ЧТОБЫ ПЕРЕВЕРНУТЬ ЭТИ ОТНОШЕНИЯ. ПРИНИМАЙСЯ ЗА ПАРТНЕРСКИЕ ПРОЕКТЫ, КОТОРЫЕ ТЫ ЗАВЕРШИШЬ НА ЭТОЙ НЕДЕЛЕ.

Тебе нужно быть осторожным в распределении деятельности, основываясь на том, кто лучше справляется с той или иной задачей, особенно если это несбалансированный список. Если дело обстоит именно так, твоему любимому человеку нужно освоить какие-то новые навыки. Давай научим их, как нарезать лук, или загружать посудомоечную машину, или программировать пульт. Но не критикуй их и не переделывай все заново, потому что тебе не нравится, как это было сделано. Это только заставит твоего любимого человека отписаться и больше никогда не делать этого.

Затем займись организацией и примени те навыки управления временем, которым ты научился. Например, ты должен вкладывать один час тяжелого труда за каждые два часа игры. Цель - выполнить список дел, а когда всё будет сделано, попроси ещё. Думай об этом так: "Мне гораздо приятнее водить машину, зная, что тормоза действительно работают" или " Боже, теперь я могу пригласить друзей к себе, так как они больше не могут провалиться через дыру в полу на крыльце".

Создай календарь, определяющий, что нужно сделать на предстоящей неделе и кто за что отвечает. Составь расписание и установи сроки. Установи напоминание из приложения для составления списка дел или повесь список каждого, например, на холодильник. Если ты допустишь ошибку, скажи своему партнеру, что он может шуметь до тех пор, пока дело не будет сделано. Справедливость есть справедливость. Единственное время, когда стоит вмешаться с любой стороны, — это если расписание любимого человека не позволяет выполнить задачу или если ты заболел. Ты будешь знать, когда это справедливо или нет. Придумайте способ проверять друг друга и, если есть сомнения, Просто Заткнись и Сделай.

Чувство себя
любимым/любимой
Стресс, Вес
Темперамент

Глава 9:
Ежедневные Инструменты Безопасности для Отношений

Поцелуй свою вторую половинку, когда вы проснетесь, ухаживая за собой и соблюдая гигиену

Любовь Надежда

Вито

STOP

Выпей бокал вина или приготовь ужин, когда он/она придет домой Держитесьзаруки

Пригласи свою вторую половинку на свидание

Принеси свою вторую половинку кофе в постель

Любовь

**Все великие вещи просты и могут быть
заключены в одном слове: надежда.**

Стань владельцем своих отношений и начни привносить в них безопасность. Здесь все зависит от тебя. Ты в одиночку способен добиться перемен, позволив своим действиям руководить ситуацией. Стань владельцем этих отношений, сделав своего любимого человека самым важным человеком в своей жизни по сравнению со всеми - и это включает твою семью и детей. Стань владельцем этих отношений и не позволяй никому иметь в них право голоса, кроме своего любимого человека. Стань владельцем этих отношений и позволь голосу твоего любимого человека быть услышанным. Пойми, что каждый раз, когда ты критикуешь, унижаешь, споришь, нападаешь или бросаешь негативные высказывания в адрес своего любимого человека, это отщепляет и разрушает любовь в отношениях. Четыре Ошибки из Главы 2 могут быть разрушительными для любых отношений. Если одна или несколько из этих ошибок присутствуют в твоих отношениях, ты можешь оказаться на быстром пути к ощущению отсутствия любви, если это ещё не так.

Каждый раз, когда ты эмоционально замыкаешься или просто отстраняешься, потому что не хочешь говорить о важных вопросах, в отношениях возникает дистанция. Это негативно сказывается на любви в отношениях.

Как ты можешь проявлять любовь к своему любимому человеку, если ты постоянно злишься? Никак. Как ты можешь любить любимого человека, который постоянно кричит на тебя по любой причине? Ты не можешь. Именно тогда ты перестаешь быть любимым человеком и становишься не более чем плохим соседом по комнате.

Если ты понимаешь, что чувствуешь мало или вообще не чувствуешь любви со стороны своего любимого человека, то я обещаю тебе, что он чувствует то же самое. В этом случае ты и твой любимый человек потеряли уважение друг к другу. Гнев, обида, смешанные чувства по поводу ваших отношений... это тот момент, когда вы оба задаетесь вопросом, почему вы вообще находитесь в этих несчастных отношениях.

Отсутствие любви может навредить отношениям. Если это произошло, и ты хочешь изменить ситуацию, то признай это и скажи: "Ты прав(а), я ошибаюсь".

ВОПРОСЫ ДЛЯ ТЕБЯ И ТВОЕГО ЛЮБИМОГО ЧЕЛОВЕКА

Чувствуем ли мы себя когда-нибудь нелюбимыми, потому что один из нас или оба эмоционально выдохлись?

Проявляем ли мы любовь друг к другу, делая что-то, чтобы облегчить друг другу день?

Бывают ли у нас сомнения в том, что мы любим друг друга и преданы друг другу? Если да, то что мы делаем с этими сомнениями?

Выражаем ли мы друг другу любовь и признательность в мелочах, например, принося друг другу кофе или принимая ванну, чтобы помочь расслабиться?

Останавливаемся ли мы и слушаем друг друга, когда нас об этом просят?

Отменяем ли мы свои собственные планы, если понимаем, что должны быть рядом друг с другом?

Обнимаемся ли мы и целуемся в случайные моменты, давая друг другу понять, как сильно мы любим друг друга?

Охраняем ли мы регулярно личное время и пространство для секса и близости?

Когда мы злимся друг на друга, делаем ли мы вдох и напоминаем друг другу, что мы любим и заботимся друг о друге - и это главное?

Заботимся ли мы каждый о себе, чтобы быть в настроении принимать любовь, которую предлагает другой?

ИНСТРУМЕНТ ДЛЯ ЛЮБВИ: НАДЕЖДА

Твой любимый человек вступил с тобой в преданные отношения, надеясь, что ты будешь рядом всегда. Так чувствует ли твой любимый человек, что ты будешь рядом всегда? Посылаешь ли ты сообщения о том, что хочешь быть рядом навсегда, или же ты посылаешь сообщение о том, что хочешь покинуть горящий корабль, пока он не затонул?

Пришло время вернуться к основам и сделать своего любимого человека своим приоритетом. Инструмент "Надежда" может помочь в этом. Сделать своего любимого человека главным приоритетом - это ключ к тому, чтобы вернуть любовь в отношения. Ты можешь перевернуть свои отношения, просто позволив своему любимому человеку снова почувствовать себя любимым.

Это так просто, но это требует жертв и отказа от того, что мешает здоровым отношениям. Речь идёт о том, чтобы быть на одной волне, отпустить прошлое и вспомнить, что эти отношения касаются не только тебя.

Сядь со своим любимым человеком и пройдись по всему, что сводит его с ума. Скажи им, что ты хочешь, чтобы они снова любили тебя, уважали и доверяли тебе, и ты готов сделать всё лучше.

ПРАКТИЧЕСКАЯ МЕРА
ЗАДАЙ ВОПРОС
ЧТО СВОДИТ С УМА ТВОЕГО ЛЮБИМОГО ЧЕЛОВЕКА? ИСПОЛЬЗУЙ ПРАВИЛО ТРЕХ ДНЕЙ, ЧТОБЫ СПРОСИТЬ. ПОЙМИ, ЧТО ОНИ НЕ ВЫДУМЫВАЮТ; ЭТО ТО, КАК ОНИ ВИДЯТ ВЕЩИ. НА ЧЕТВЕРТЫЙ ДЕНЬ ВЫГОВОРИСЬ.

Теперь пришло время применить Правило Трех Дней. Это работает следующим образом. Составь список всех проблем. У тебя должно получиться не менее страницы или двух реальных проблем. Теперь постарайся найти творческие способы, чтобы понять, можешь ли ты что-то изменить. Тебе потребуется три дня, чтобы обработать реальные проблемы без осуждения. Пойми, что твоей первой реакцией будет "Не может быть!". Ты будешь защищаться - это просто человеческая природа. Как только ты успокоишься, просмотри список. Ты должен увидеть то, что является разумным. По более сложным вопросам поговори со своим любимым человеком и посмотри, можете ли вы пойти на компромисс. Так ты покажешь своему любимому человеку, что он является приоритетом.

Тебе нужно сохранять приверженность. Это означает оставаться позитивным, даже когда ты проходишь через взлеты и падения. Избавься от негативных мыслей и помни, что твои действия будут говорить громче твоих слов. Ты - опора, и твой любимый человек рассчитывает на тебя, и именно так ты превращаешь надежду в реальность. Итак, пришло время сделать своего любимого человека приоритетом, и это несложно. Нужна лишь самоотдача.

Стресс

Сделай снижение стресса у второй половинки своей задачей в жизни

Стресс

**Конечно, они могут сделать все сами,
но настоящий любимый человек им этого не позволит.**

Стресс присутствует в повседневной жизни каждого человека. Так как же тебе позитивно повлиять на своего любимого человека, чтобы справиться с ним и, что более важно, уменьшить его? Стрессовые события могут изменить взгляд твоего любимого человека на себя и свой мир. Это может изменить их чувства относительно жизни, работы, отношений, безопасности и будущего. Если ты отстранен, ты об этом даже не узнаешь.

Если ты зависишь от своего любимого человека в том, что он справляется со всеми домашними делами, пойми, что ты по умолчанию добавляешь стресс в его жизнь. Хуже того, твой любимый человек может находиться в таком периоде жизни, когда он чувствует, что не может рассчитывать на тебя в самых незначительных вещах, и даже перестал просить об этом. Для твоего любимого человека может быть проще и менее обидно просто делать все самому.

В большинстве случаев ты и так находишься в состоянии перегрузки, так как же дополнительные финансы, семья, здоровье и рабочие вопросы вписываются в твой и без того напряженный график? Никак. Особенно если один из партнеров склонен нести большую часть бремени. Стресс также может стать причиной эмоциональной дистанции, которая приводит к потере близости и смерти романтики.

Когда отношения сильны и оба партнёра справляются со стрессом, способность отскочить назад после потери, травмы, трагедии и других проблем называется психологической устойчивостью. Именно когда отношения слабые, эти вопросы становятся проблемой.

Если твой любимый человек всегда на иголках, значит, ты не справился со своей работой. Если это произошло, и ты хочешь все изменить, то признай это и скажи: "Ты прав(а), я ошибаюсь".

ВОПРОСЫ ДЛЯ ТЕБЯ И ТВОЕГО ЛЮБИМОГО ЧЕЛОВЕКА

Обычно мы усиливаем стресс друг друга или уменьшаем его?

Усугубляем ли мы стресс друг друга, когда приходится справляться со всеми домашними делами?

Что мы делаем, чтобы дать друг другу передышку и расслабиться?

Есть ли у кого-то из нас или у обоих проблемы с контролем, которые усугубляют стресс друг друга?

Боремся ли мы или оба с проблемами детства или страдаем от посттравматического стрессового расстройства?

Добавляют ли нам стресс наши дальние родственники? Пытаемся ли мы уменьшить стресс друг для друга, если видим, что это происходит?

Испытываем ли мы стресс из-за состояния наших отношений?

Испытывает ли кто-то из нас стресс, потому что мы думаем, что другой не так предан отношениям, как когда-то? Сдался ли один из нас или оба?

Есть ли у одного из нас или у обоих проблемы со здоровьем, которые добавляют стресс в отношения?

Мы всегда находимся в напряжении, потому что не можем поговорить без ссоры?

ИНСТРУМЕНТ ДЛЯ БОРЬБЫ СО СТРЕССОМ: ЭТО ТВОЯ РАБОТА

В чем секрет того, как помогать перегруженному любимому человеку? Сделай своей задачей снизить его загруженность, чтобы он не испытывал стресса, а это значит делать всё, что потребуется. Если ты подходишь к жизни с мыслью о том, что твоя работа заключается в том, чтобы твой любимый человек никогда не испытывал стресса, ты будешь впереди игры.

Это твоя работа и есть тот самый фактор, изменяющий правила игры для снижения стресса твоего любимого человека. Просто откинься назад и осознай, что я прошу от тебя и почему. Затем пойми, что нужно делать, чтобы твой любимый человек не испытывал стресса. Это большая просьба, и я не могу сосчитать, сколько наград ты получишь от этого. Пришло время начать действовать с помощью Это твоя работа.

Когда ты видишь признаки стресса у своего любимого человека, выясни, что происходит, в доброй и сострадательной форме. Это может быть просто вопрос: "У тебя плохой день? Могу ли я помочь?" или "Что я могу сделать, чтобы стало лучше?". Когда ты действительно узнаешь своего любимого человека, ты будешь точно знать, где ему нужна помощь, и просто сделаешь это. Когда дело доходит до работы, ты просто делаешь ее, делая все, что нужно, и без жалоб.

**ПРАКТИЧЕСКАЯ МЕРА
ИДИ НА КОМПРОМИСС
ПРИШЛО ВРЕМЯ ВЫДЕЛИТЬ ВРЕМЯ ДЛЯ СВОЕГО
ЛЮБИМОГО ЧЕЛОВЕКА. НА НЕДЕЛЮ ОТМЕНИ ПРОСМОТР
ИГР И СДЕЛАЙ ТАК, ЧТОБЫ ВЫ БЫЛИ ТОЛЬКО ВДВОЕМ.
ТОЛЬКО НА НЕДЕЛЮ.**

Скажем, финансы — это проблема, и ты распоряжаешься деньгами. Сядь со своим любимым человеком и реши эту проблему. Разработай стратегию по сокращению вашего долга. Это может означать принятие трудных решений, которые потребуют от тебя продать вещи первой необходимости, чтобы снизить дефицит, или сократить текущие расходы, такие как питание вне дома или ежедневная пробежка за кофе. Помни, что целью является снижение стресса.

Интимность критически важна во всех отношениях, и когда она отсутствует, это добавляет стресс в отношения. Стал ли ты настолько занят и разобщён, что забыл, когда в последний раз вы с любимым человеком по-настоящему веселились вместе? Если да, то Это Твоя Работа - развлекаться вместе. Походы в кино, прогулки, пикники, игры, поездки, держание за руки, объятия и совместный смех — это лекарство для того, чтобы чувствовать себя нормально.

Выдели в своем расписании время для своего любимого человека. Твои отношения с любимым человеком превыше всех других приоритетов и расписаний. Празднуй то, что вы имеете друг в друге, и общайся четко и уважительно, потому что недопонимание является источником напряженности.

Принятие важных решений без твоего любимого человека всегда будет добавлять стресс. Это значит, что Это Твоя Работа - понимать, что ты должен быть уверен, что твой любимый человек согласен и находится с тобой на одной волне. Всегда держи своего любимого человека в курсе событий и всегда общайся с любовью и добрыми намерениями.

Быть искусным в своей работе означает говорить правду и быть честным со своим любимым человеком, даже когда это причиняет боль. Это принесет меньше стресса в отношения, потому что приносит честность в отношения и доверие, что приводит к меньшему количеству секретов и меньшему стрессу.

Темперамент

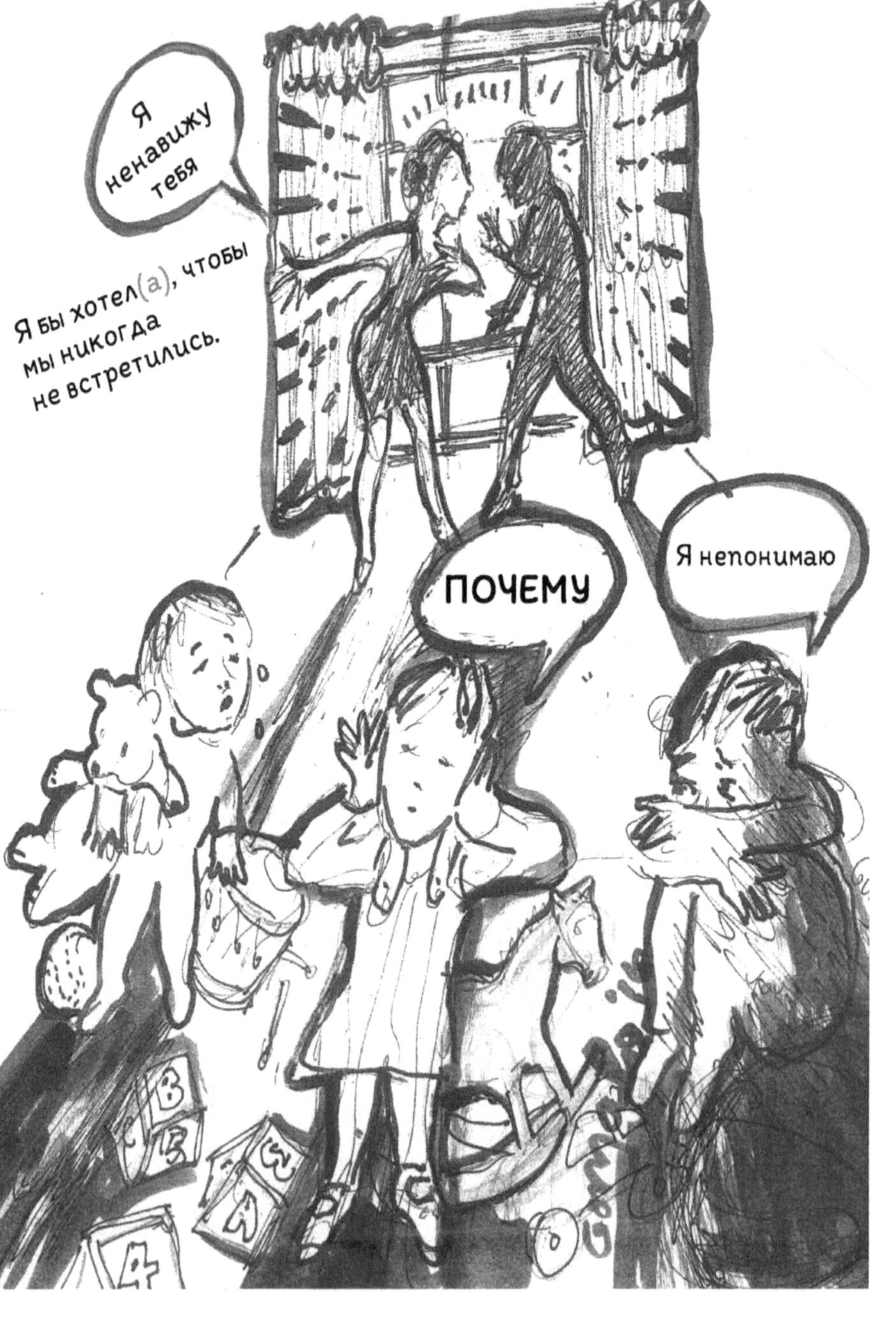

Темперамент

Если ты будешь давить на раздражители своего любимого человека слишком часто, они могут просто перестать работать.

Плохой характер может быть токсичным для отношений. Это может вызвать целый ряд проблем у обоих партнёров. Если у тебя плохой характер и ты часто взрываешься, кричишь, бросаешь вещи, угрожаешь или обзываешь своего любимого человека, то это просто худшее, что ты можешь сделать. Если ты вспыльчив или быстро теряешь контроль, это может стать нормой в повседневной жизни.

Плохой характер вреден для всех, кто находится рядом с тобой. Вспыльчивость может стать плохой привычкой, и без соответствующих навыков управления гневом это может привести к тому, что твой любимый человек и члены семьи будут бояться сказать что-нибудь, что может спровоцировать твою вспышку гнева. Если ты такой человек, то я тебе обещаю, что члены твоей семьи ходят вокруг тебя на цыпочках. Они также могут чувствовать, что не могут не согласиться с тобой или поделиться чем-то, с чем ты можешь не согласиться.

Темперамент часто называют чем-то негативным. Хотя он представляет собой определенное настроение или состояние души (не обязательно плохое), когда кто-то говорит: "У тебя вспыльчивый характер", он обычно имеет в виду, что ты не можешь контролировать свои чувства. Либо ты склонен ругаться и злиться даже при малейших неудобствах, либо ты недостаточно терпелив с окружающими тебя людьми.

Реальность такова, что никому не нужно швыряться вещами или терять контроль над собой, чтобы быть услышанным. Потерять самообладание - это плохое программирование. Если это происходит, то нормально признать это и сказать: "Ты прав(а), я ошибаюсь".

ВОПРОСЫ ДЛЯ ТЕБЯ И ТВОЕГО ЛЮБИМОГО ЧЕЛОВЕКА

Есть ли у кого-то из нас проблемы с контролем? Говорил ли кто-то из нас другому, что один из нас не знает, когда нужно остановиться?

Раним ли мы друг друга словами во время спора?

Нажимаем ли мы на раздражители друг друга во время спора, пока один из нас не выйдет из себя?

Говорим ли мы друг другу "Прости"?

Трудно ли кому-то из нас выражать другие чувства, кроме гнева?

Считаем ли мы, что спорим уважительно и конструктивно, или мы напористы друг с другом?

Объясняем ли мы друг другу вещи, о которых каждый из нас и так знает, только для того, чтобы вызвать друг у друга раздражение?

Позволяем ли мы друг другу высказать свою точку зрения во время спора? Проявляем ли мы друг к другу терпение, понимание и сострадание, даже когда не согласны?

Думаем ли мы, что если говорить громче, то другому будет легче нас понять?

ИНСТРУМЕНТ ДЛЯ ТЕМПЕРАМЕНТА: КОНТРОЛЬ

У каждого может быть плохой день или два, но проявление агрессии по отношению к своему любимому человеку, особенно если ты делаешь это регулярно, негативно скажется на ваших отношениях. Когда гнев переходит в вспыльчивость, я называю это синдромом Пустомеля. Это когда твоё подсознание берёт верх и не позволяет тебе забыть или простить своего любимого человека до такой степени, что ты доводишь себя до потери самообладания.

Когда ты выходишь из себя в мгновение ока из-за незначительных вопросов, значит, это стало плохой привычкой или плохим программированием, и пришло время проверить своего Пустомеля.

ПРАКТИЧЕСКАЯ МЕРА
ОБЩАЙСЯ
ПОГОВОРИ СО СВОИМ ЛЮБИМЫМ ЧЕЛОВЕКОМ. Я ИМЕЮ В ВИДУ РЕАЛЬНЫЙ РАЗГОВОР - ПОЛОЖИТЕ ПРОБЛЕМЫ НА СТОЛ И. ОБСУДИТЕ ИХ, ЧТОБЫ ПОЛУЧИТЬ БЕСПРОИГРЫШНУЮ СИТУАЦИЮ.

Что представляет собой этот Пустомель? Вот самый простой пример. Это когда твое подсознание заставляет тебя так напрягаться, что ты просто вынужден взорваться. Тебя когда-нибудь подрезали в пробке? Я имею в виду, подрезали. Что происходит дальше? Этот человек продолжает свой веселый путь. А ты проходишь через весь день в стадии внутренней ярости, которую ты несёшь как боевой флаг.

Проверка Своего Пустомеля - это способ поместить этот внутренний голос в такое место, где он не сможет тебя завести. Вот несколько способов сделать это - проверенных и верных. Во-первых, сосчитай до 10. При этом делай глубокие вдохи и думай о чём-то другом, чтобы отвлечься от негативных чувств. Пустомель хочет обострить твою ответную реакцию "борьба". Сделай этот подсознательный голос осознанным, и ты сможешь его контролировать.

Если ты чувствуешь тревогу или злость, а твой Пустомель не останавливается, удали себя из ситуации. Выдели себе несколько минут на физические упражнения, долгую прогулку или медитацию. Делай всё, что подходит в данный момент, чтобы высвободить негативную энергию. Затем, после того как ты успокоишься, поговори об этом со своим любимым человеком. Скажи, что тебя беспокоит, не теряя контроля, и будь благоразумен.

Тогда и только тогда ты сможешь обрести силу и спокойствие, чтобы поговорить с любимым человеком об оставшейся части вашей совместной жизни. Только когда ты сможешь контролировать свое подсознание, ты сможешь рассуждать со своим любимым человеком. Ты сможешь подходить к сложным темам таких как отношения и без сожаления принимать решение о курсе действий.

Если в дело вовлечены зависимости, и вы находитесь в горячем споре, пойми, что практически невозможно принять разумные решения, в том числе поставить под контроль своего Пустомеля. Это плохая ситуация и несправедливая для любимого человека. Ущерб, нанесенный в таких ситуациях, может быть необратимым. Тебе нужно будет провести беседу позже. В данный момент записывай или фиксируй свои мысли, чтобы ты мог вернуться к ним, когда будешь трезвым. Это даст тебе отдушину в данный момент.

Помни, что не разумно и не практично ссориться из-за каждой вашей разницы. Ты можешь выиграть спор, но в конечном итоге ослабишь отношения. Дай время негативной энергии остыть, чтобы наладить более рациональное обсуждение.

Не сосредотачивайся на попытках изменить своего любимого человека. Ты не сможешь этого сделать. Однако ты можешь повлиять на своего любимого человека и показать ему преимущества своей позиции. Ты можешь влиять на своего любимого человека, создавая позитивную обстановку, способствующую сотрудничеству, а не контролируемую тобой.

Иногда тебе необходимо понять, что тебя беспокоит. Это может быть даже не тот вопрос, из-за которого вы ссоритесь. Если ты обнаружил, что постоянно выходишь из себя из-за незначительных вопросов, то пора отключить своего Пустомеля, так как он уже достаточно навредил. Это нормально - просто отпустить его.

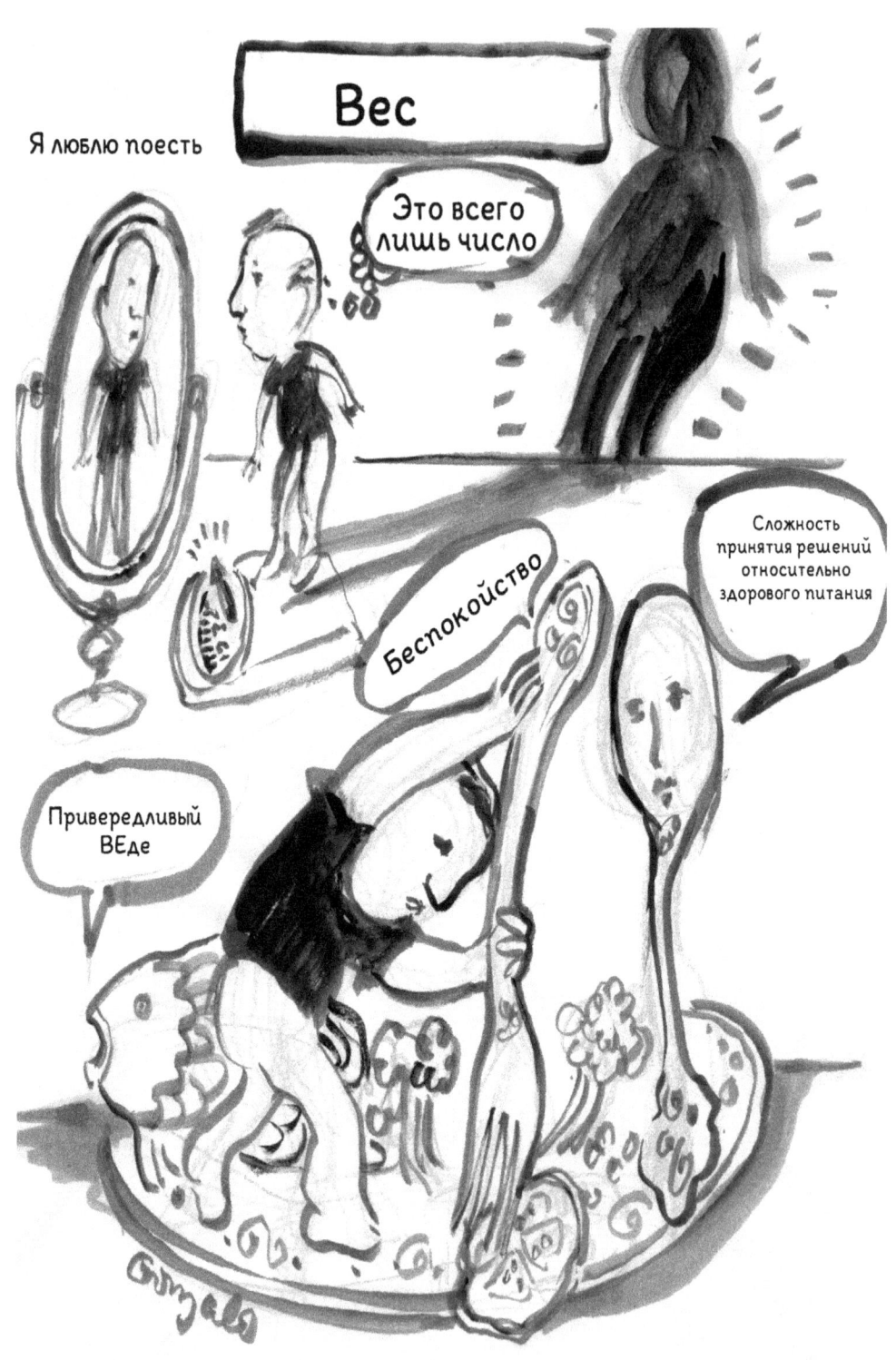

Вес

**Твой любимый человек не может изменить тебя.
Но ты можешь измениться, потому что ты любишь свою вторую
половинку.**

Для многих людей просто трудно оставаться в форме и любить своё тело. Может быть, у тебя избыточный или недостаточный вес. Это может быть твоё лицо или другие части тела, которые вызывают у тебя одержимость. Люди наблюдают за тем, как их тела проходят через столько изменений, и куда бы ты ни повернулся, везде молодые, красивые худые люди, поглощающие мороженое и пончики, в то время как ты борешься с набором веса, съев всего лишь рисовый крекер. Жизнь просто несправедлива.

Есть ли у тебя любимый человек, который борется с проблемами веса, которого ты критикуешь или бросаешь случайные односложные фразы, потому что хочешь, чтобы они выглядели иначе, и тебя не устраивает, как они выглядят с избыточным или недостаточным весом? Это не путь к обретению более здорового любимого человека.

Если твой любимый человек осознаёт свой лишний вес, он или она может не хотеть, чтобы ты смотрел на них, когда они раздеваются или при включенном свете. Образ тела является неотъемлемой частью психологического состояния любого человека. Когда самооценка твоего любимого человека страдает, ему может быть трудно принимать комплименты или даже чувствовать себя комфортно рядом с тобой.

Проблемы с весом - это личное, и каждый человек справляется с ними по-разному. Есть очень много людей, недовольных своей внешностью, до такой степени, что это становится навязчивым и нездоровым.

Разговоры о весе могут переходить границы. Если это происходит, то нормально признать это и сказать: "Ты прав(а), я ошибаюсь".

ВОПРОСЫ ДЛЯ ТЕБЯ И ТВОЕГО ЛЮБИМОГО ЧЕЛОВЕКА

Принимаем ли мы тела друг друга такими, какие они есть?

Рассматриваем ли мы текущий вес друг друга как проблему, которую нужно решить?

Замечаем ли мы и комментируем, когда видим, как один из нас набирает или теряет вес? Знаем ли мы, нравится ли каждому из нас слышать такие вещи?

Делаем ли мы выбор продуктов питания, которые полезны для нас обоих?

Приносит ли кто-нибудь из нас домой нездоровую пищу, когда другой пытается похудеть?

Знает ли каждый из нас, как другой хочет, чтобы его поощряли и поддерживали в вопросах образа тела?

Помогаем ли мы друг другу чувствовать себя хорошо?

Пытаемся ли мы контролировать то, что ест каждый из нас?

Требует ли кто-то из нас, чтобы другой получил помощь в решении проблем с телом или весом?

Намекаем ли мы на то, что другому следует больше заниматься спортом?

Говорим ли мы без осуждения о трудностях друг друга с потерей или набором веса?

ИНСТРУМЕНТ ДЛЯ ВЕСА: ЭТО ВСЕГО ЛИШЬ ЧИСЛО

Реальность такова, что вес является проблемой для многих. Вопрос в том, сводишь ли ты из-за этого с ума своего любимого человека? Если да, то используй такой подход: Это Всего Лишь Число. Это число может повышаться и понижаться. Если твой вес беспокоит тебя, питайся лучше и занимайся спортом. Но если вес твоего любимого человека беспокоит тебя, то ты должен позволить ему справиться с этим по-своему.

Ты можешь оказать поддержку, только если он сам попросит тебя об этом, и спроси его, какая поддержка поможет, а не навредит. В противном случае ты не имеешь права голоса и не должен делать никаких комментариев в ту или иную сторону. Это просто вторжение, и оно переходит границы. Из этого не может выйти абсолютно ничего хорошего.

Если вес твоего любимого человека беспокоит тебя, худшее, что ты можешь сделать, — это давить на него, чтобы он сбросил или набрал вес. Это только добавит стресса твоему любимому человеку и вашим отношениям. Обычно это вызывает реакцию, противоположную тому, чего ты хочешь. Ожидай, что твой любимый человек взбунтуется или замкнётся. Когда твой любимый человек готов стать здоровым, только он может сделать так, чтобы это произошло. Позитивная поддержка - единственный способ подойти к этому. Здесь нужно использовать менталитет Это Всего Лишь Число. Это значит, что ты позволяешь своему любимому человеку делать это на его условиях и в его сроки при твоей мягкой поддержке.

**ПРАКТИЧЕСКАЯ МЕРА
ДЕЛАЙ ПРАВИЛЬНЫЙ ВЫБОР
ЕСЛИ ТВОЙ ЛЮБИМЫЙ ЧЕЛОВЕК НУЖДАЕТСЯ В ТВОЕЙ
ПОДДЕРЖКЕ, ПРОЙДИ С НИМ ЕГО ПУТЬ. ДЕЛАЙ С НИМ
ЕГО ТРЕНИРОВКИ. ПИТАЙСЯ ЗДОРОВОЙ ПИЩЕЙ ВМЕСТЕ
С НИМ. ДЕЛАЙТЕ ИЗМЕНЕНИЯ ВМЕСТЕ. ЭТО И ЕСТЬ
ОТНОШЕНИЯ.**

Секрет здорового образа жизни заключается в том, чтобы овладеть своей силой воли. Когда ты контролируешь ситуацию, сила воли — это ключ к принятию правильных решений. Когда она отключена, она может стать твоим злейшим врагом. Например, ты ставишь перед собой цель питаться здоровой пищей, но затем оказываешься завален работой и семейными проблемами. Твоя сила воли находится на самой низкой точке, и ты обнаруживаешь, что поглощаешь галлон мороженого. Если кто-то попытается тебя остановить, то всё, что я могу сказать, это удачи. Пойми, что сила воли будет возрастать и падать, и невозможно максимизировать её в каждый момент дня. Просто будь осведомлен об этом.

Если твой любимый человек хочет стать здоровым и просит тебя о помощи, будь рядом. Если это означает есть пищу, от которой ты не без ума, сделай это. Если твой любимый человек хочет ходить на прогулки, а ты любишь бегать, то просто ходи. Если ты будешь рядом на каждом шагу, ты облегчишь ему задачу и заставишь продолжать попытки.

Если твой любимый человек активно прилагает усилия, чтобы питаться здоровее и заниматься спортом, но не видит результатов, то позитивные комментарии вроде "ты выглядишь потрясающе" или "я так горжусь тобой" имеют значение. Любой негативный комментарий просто закроет их, и они просто потеряют мотивацию.

Когда твой любимый человек прилагает усилия, не приноси в дом нездоровую пищу. Если ты знаешь, что у твоего любимого человека пристрастие к пончикам, то принести домой на завтрак дюжину пончиков - это просто подлость. Если твой любимый человек прилагает усилия, чтобы попробовать более здоровые рецепты или продукты, которые не всегда получаются, порадуйся его усилиям. И если твоему любимому человеку нужно, чтобы ты помог ему с посудой или присмотрел за детьми, чтобы он мог заняться спортом, то помоги ему.

Оставаться здоровым - это проект на всю жизнь. Это никогда не закончится. Будут хорошие и плохие дни. Будут переедания, а потом приём соков. Это нормально, потому что Это Всего Лишь Число, и оно может расти или падать. И прежде чем ты подумаешь о том, чтобы критиковать своего любимого человека, хорошенько посмотри в зеркало и увидишь, как ты выглядишь. Не кидай первый камень. Реальность такова, что когда твой любимый человек почувствует, что хорошо выглядит, это также заставит его чувствовать себя хорошо по отношению к самому себе. Это беспроигрышная ситуация. Если ты сможешь найти красоту внутри себя и заставить их чувствовать себя красивыми постоянно, то ты овладел навыком Это Просто Число. Люби своего любимого человека за то, кто он есть, а не за то, что говорят весы. Ты будешь знать, что добился успеха, когда твой любимый человек сможет раздеться перед тобой при включенном свете. В этом и заключается цель.

Глава 10:
Ежедневные Инструменты Доверия для Отношений

Соблюдение границ

Думай, прежде чем действовать

Прежде чем флиртовать
С девушкой, которая
Продолжает
смотреть на тебя
Просто подумай,
На какую дорогу
Ты собираешься вступить.

Границы

**Это не недостаток любви, а недостаток доверия.
которое создает несчастливые отношения.**

Когда у тебя было достаточно несчастья, чтобы начать ставить на первое место любовь и честность в отношениях с любимым человеком, чтобы было стопроцентное доверие? Когда ты достаточно натерпелся лжи, чтобы быть готовым быть честным, даже если тебе не нравится ответ? Когда у тебя было достаточно стресса, чтобы начать держать своё слово без отговорок? Когда у тебя было достаточно чувства вины, чтобы начать быть честным с самим собой и перестать обвинять своего любимого человека в несчастных отношениях? Когда у тебя было достаточно всего этого, чтобы взять на себя ответственность за будущее ваших отношений и - что ещё важнее - изменить их к лучшему?

Границы необходимы для здоровых отношений. Они устанавливают, что тебя устраивает и как ты хочешь, чтобы относился к тебе твой любимый человек. Ты уже убедился, что границы играют роль практически во всех аспектах здоровых отношений. Уважай границы своего любимого человека, помоги ему уважать твои, и у тебя будет счастливая жизнь. Переступай их, и ты просто сделаешь жизнь сложнее, чем она должна быть. Установление и поддержание границ - это навык. К сожалению, это навык, которому многие не учатся.

Нарушение границ влияет на доверие любимого человека. Это нарушение бывает разным, например, неуважение к пространству человека, его семье, друзьям, частной жизни, финансам, убеждениям, состоянию здоровья и т.д. Многие пары никогда открыто не обсуждали и не признавали проблемы с соблюдением личных границ друг друга.Но если ты не знаешь, как твой любимый человек относится к границам, то ты действительно не знаешь своего любимого человека.

Если ты пытаешься изменить своего любимого человека или использовать посторонних людей для решения своих проблем, значит, ты перешел черту. Если ты использовал угрозы или запугивание, то ты перешел черту. Если ты воспользовался преимуществом или причинил вред, то ты пересек черту.

Когда ты берешь вещи своего любимого человека и переставляешь их, потому что тебе не нравится, где он их оставил, или без спроса просматриваешь телефон, почту и электронные письма своего любимого человека, ты перешел черту. Если ты фотографируешь своего любимого человека, когда он этого не хочет, или публикуешь комментарии или изображения в социальных сетях без его разрешения, ты перешел черту. Если ты ешь с его тарелки без спроса или занимаешь его обычное место на диване, значит, ты перешёл границу.

Пересечение границ — это признак неуважения. Если это происходит, то нормально признать это и сказать: "Ты прав(а), я ошибаюсь".

ВОПРОСЫ ДЛЯ ТЕБЯ И ТВОЕГО ЛЮБИМОГО ЧЕЛОВЕКА

Переставляем ли мы вещи друг друга по дому, потому что каждый из нас считает, что знает лучше?

Чувствовали ли мы когда-нибудь неуважение со стороны другого из-за того, как делаются вещи в доме - по-моему или по-твоему, но не по-нашему?

Чувствует ли один из нас или оба, что мы должны взять под контроль то, как воспитываются дети?

Перебивает ли один из нас или оба другого, чтобы исправить то, как рассказывается история или высказывается идея?

Считает ли кто-то из нас, что друзья другого не подходят ему, и говорит ли он об этом?

Считает ли кто-нибудь из нас, что другой слишком много флиртует?

Считает ли кто-то из нас, что другой делится слишком большой личной информацией с друзьями или в социальных сетях?

ИНСТРУМЕНТ ДЛЯ УСТАНОВЛЕНИЯ ГРАНИЦ: ДУМАЙ, ПРЕЖДЕ ЧЕМ ДЕЙСТВОВАТЬ

Установление границ имеет решающее значение для здоровых отношений. Вопрос в том, считаешь ли ты, что у тебя здоровые отношения? Твой любимый человек совершенно спокойно делится с тобой всем, зная, что его границы будут соблюдены, или ты считаешь, что твой любимый человек скрывает от тебя что-то, потому что у тебя есть прошлая история чрезмерной открытости и нарушения границ твоего партнёра? Если это так, то включай Думай, Прежде Чем Действовать.

Независимо от того, как долго вы вместе, старайся сохранять тот свежий образ мыслей, как будто ты только начинаешь узнавать своего любимого человека. Как когда вы только познакомились, ты понятия не имеешь об их границах или о том, что ими движет, так и они не знают твоих. Это означает, что вам нужно общаться. Ты не можешь считать, что ты уже все знаешь. Это упражнение показывает любовь и надежду, а также то, что тебе важны отношения.

Начни с того, что сделай заметки о своих границах - финансовых, интеллектуальных, физических, эмоциональных или сексуальных. Что твой любимый человек может сделать такого, что заставит тебя чувствовать себя оскорблённым? Попроси своего любимого человека составить свой собственный список, а затем покажите друг другу эти списки. Знал ли ты об этих границах? Знал ли ты, что нужно сделать, чтобы переступить границы своего любимого человека? Задача узнать, о чем вы можете договориться, а что неприемлемо, — это еще один шаг к тому, чтобы оказаться на одной волне.

ПРАКТИЧЕСКАЯ МЕРА
ДЕЛАЙ ПРАВИЛЬНЫЙ ВЫБОР
ДУМАЙ, ПРЕЖДЕ ЧЕМ ДЕЙСТВОВАТЬ. ДА, НЕПРАВИЛЬНО ПРОСТО СМОТРЕТЬ НА ДРУГОГО ЧЕЛОВЕКА ВЗВОЛНОВАННЫМИ ГЛАЗАМИ. ЭТО ДЕЙСТВИТЕЛЬНО ПРИЧИНЯЕТ БОЛЬ ТВОЕМУ ЛЮБИМОМУ ЧЕЛОВЕКУ.

А теперь вспомни, когда ты переступал эти границы и как это отражалось на твоем любимом человеке. Извинился ли ты? Был ли ты уважителен? Если ты причинил вред, смог ли ты прийти к компромиссу или разрешению проблемы?

Вторая часть Думай, Прежде Чем Действовать - это дать понять своему любимому человеку, что ты готов быть лучшим любимым человеком, и ты собираешься стать лучше в уважении его границ. Один из способов сделать это - помнить, что при выражении чувств или философии нужно использовать утверждения "мы" вместо "я", и никогда не начинать с "ты всегда..." или "ты никогда...". Никогда не ставь ультиматумы. Ты не ведешь переговоры с врагом. Ты всегда ухаживаешь за своим любимым человеком.

Семьи будут вертеться вокруг ваших отношений. Установи границы того, как далеко они могут зайти. Каждый должен установить правила для каждого члена большой семьи и защитить своего партнёра от того, чтобы он не оказался плохим парнем. Если ты чувствуешь себя виноватым по поводу семьи и границ, то перезагрузись.

Эти правила одинаковы и для друзей. Установите взаимные границы с друзьями и уважайте пространство друг друга за то, что они у вас есть. Если ты отрезал своего любимого человека от встреч с друзьями, пришло время перезагрузиться и определить, почему это было оправдано, а затем восстановить эти границы.

Когда речь идёт о целях и мечтах, никто не имеет права говорить любимому человеку, что он не может реализовывать свою мечту, только если это не затрагивает другого человека, возможно, если это стоит денег, которых у вас нет. Когда это произойдет, установи взаимные границы того, насколько далеко могут заходить расходы любимого человека. Если их мечта не затрагивает тебя, то позволь им мечтать. Если ты останавливаешь его, потому что просто считаешь это глупой идеей, значит, граница была перейдена, и пришло время возобновить отношения.

Если ты и твой любимый человек никогда не устанавливали сексуальные границы, возможно, пришло время заглянуть в эту тему и быть на одной волне. Правило здесь таково: ты должен быть открыт для того, чтобы твой любимый человек мог экспериментировать, если ему это нравится, в той степени, в которой это безопасно и надёжно, и когда у вас есть согласие по поводу этих границ. Это может быть здоровый разговор, гарантирующий, что обе стороны будут счастливы.

Я уже упоминал об этом, но хочу обратиться к этому снова: Хорошее правило для установления границ вокруг флирта в любой форме заключается в том, что если ты можешь делать это в присутствии своего любимого человека, то это нормально. Если же ты будешь ждать, пока твой любимый человек первым выйдет из комнаты, то тогда ответ отрицательный. Какое бы оправдание ты уже ни придумывал в своей голове, знай, что ты перешел границу.

Один из самых жизненно важных компонентов создания счастливых, здоровых и полноценных отношений — это стать мастером в соблюдении границ. Стань тем самым преуспевающим человеком.

Образ
жизни

Корректировка
отношений

Вы – два
Разных человека
Весь фокус в том,
Чтобы ты и твоя
Вторая половинка были синхронизированы.

Образ Жизни

**Жизнь — это зона, где нужна каска—
всегда в процессе строительства.**

Большинство отношений могут пройти через фазу ощущения, что они застряли в колее. Пары могут даже дойти до точки, когда они любят друг друга, но уже не чувствуют себя "влюбленными". Это может произойти со временем, когда люди меняются, растут и привыкают друг к другу. Когда твой любимый человек не расположен к твоей точке зрения или не заинтересован в ней, это становится проблемой.

Это обычное дело, когда у пары есть разные желания, убеждения или идеи о том, где жить, как сбалансировать работу или тратить деньги, сколько путешествовать или потакать ритуалам питания, заводить ли детей и сколько. Цель состоит в том, чтобы вместе ориентироваться в этом мире. Когда вы не на одной странице, и всё сводится к точке зрения одного человека, другой может чувствовать себя невидимым или даже преданным. Этот партнер будет чувствовать потерю идентичности, виденья и мечты, что разрушит отношения.

Дружеские отношения, совместимость, настоящая любовь, общая история и знание своего любимого человека изнутри и снаружи — это то, что люди ценят в отношениях. Когда один или несколько из этих ключевых компонентов меняется или отсутствует в отношениях, тогда и начинаются проблемы, причем не обязательно с изменением образа жизни.

Может быть, ты стал домоседом, в то время как твой любимый человек по-прежнему любит развлечения и путешествия. Ты просто хочешь расслабиться. Твой любимый человек хочет действий. Необязательно, чтобы тебе нравилось или ты соглашался со всем, что хочет делать твой любимый человек, если только ты можешь прийти к согласию по поводу этих разногласий и найти решения, учитывающие эти разногласия. Но не позволяй различиям порождать негативное поведение, которое создает ощущение превосходства или неуважения.

Не позволяй различиям в образе жизни порождать презрение. Если ты так поступил, то не стесняйся признать это и сказать: "Ты прав(а), я ошибаюсь".

ВОПРОСЫ ДЛЯ ТЕБЯ И ТВОЕГО ЛЮБИМОГО ЧЕЛОВЕКА

Изменились ли наши личные представления о лучшем образе жизни? По-прежнему ли мы одинаково понимаем, что такое хорошая жизнь?

Нравится ли нам быть рядом друг с другом?

Избегает ли кто-то из нас проводить время с другим? Не разъединены ли мы каким-либо образом?

Хотелось ли одному из нас или обоим когда-нибудь, чтобы другой стал какой-то версией прошлого себя?

Нравится ли нам то, кем мы были вместе в прошлом, больше, чем то, кем мы являемся сейчас?

Считает ли кто-то из нас, что другой отказался от отношений, не заботясь о том, преуспеем мы или нет?

Считает ли кто-то из нас, что другой проводит слишком много времени врозь, потому что нам не нравятся одни и те же вещи?

Нам по-прежнему весело вместе, или мы находим удовольствие только тогда, когда преследуем свои собственные интересы?

Считаем ли мы, что делаем правильный выбор, чтобы сделать друг друга счастливыми?

Ожидаем ли мы, что мы примем изменения в образе жизни друг друга?

Хотим ли мы участвовать в изменении образа жизни друг друга?

Знаем ли мы, что нас объединяет, даже если каждый из нас хочет прожить жизнь по-разному?

Нравимся ли мы друг другу и любим ли мы друг друга такими, какие мы есть, даже если ожидания от образа жизни изменились?

ИНСТРУМЕНТ ДЛЯ ОБРАЗА ЖИЗНИ: ИЗМЕНЕНИЕ

Самые крепкие отношения — это те, в которых оба партнера могут быть самими собой и при этом уважать друг друга. Ты слышал это раньше: противоположности притягиваются, и с этим приходят два разных типа людей, с двумя разными взглядами на жизнь. Ты можешь быть интровертом, а твой любимый человек - экстравертом. Ты любишь вечеринки, а твой любимый человек - книжный червь. Ты любишь путешествовать, а твой любимый человек - домосед. Так как же это работает в отношениях? Если твой план игры заключается в том, чтобы изменить или контролировать своего любимого человека, чтобы он стал тем, кем он не является, то подумай еще раз.

Вот здесь-то и приходит на помощь Адаптация Отношений. Не пытайся изменить своего любимого человека. Прими его таким, какой он есть, и интересуйся его точкой зрения. Не стыди их комментариями по поводу их образа жизни. Если тебе не нравится, во что одет любимый человек, или что он ест, или как он постоянно разговаривает со всеми, когда находится на публике, то дай себе время остыть, прежде чем что-то сказать. А еще лучше - вообще ничего не говори. Оставь все как есть. Это их жизнь. Позволь им быть самими собой, по крайней мере, с тобой, и позволь им принимать собственные решения без твоих негативных комментариев.

Еще один компонент корректировки отношения — это сосредоточиться на формировании восхищения отличиями твоего любимого человека. Найди в этих различиях что-то, за что их можно похвалить. Делай для своего любимого человека вещи, которые дают ему понять, что ты принимаешь это отличие, даже если ты не хочешь перенимать это отличие в своих собственных действиях. Например, если твой любимый человек любит заказывать картофель фри, а ты считаешь, что жареная пища убьет тебя, закажи ему картофель фри. Тебе не нужно есть ничего! О, и не комментируй, если только это не положительный отзыв!

ПРАКТИЧЕСКАЯ МЕРА
ИДИ НА КОМПРОМИСС
СДЕЛАЙ ШАГ НАЗАД И ОЦЕНИ, КАК ТЫ РЕШАЕШЬ ВОПРОСЫ СО СВОИМ ЛЮБИМЫМ ЧЕЛОВЕКОМ. В СЛЕДУЮЩИЙ РАЗ, КОГДА У ТЕБЯ В ИТОГЕ ВОЗНИКНЕТ СПОР, СДЕЛАЙ ПАУЗУ, ПОЙДИ НА КОМПРОМИСС И ОТПУСТИ СИТУАЦИЮ.

Адаптация Отношений ставит твои эмоции под контроль и говорит: "Я не лучше тебя", "Я не пытаюсь тебя контролировать" и "Я не пытаюсь тебя изменить". Это говорит: "Я люблю тебя таким, какой ты есть". Если у тебя есть проблема с раздражающим тебя образом поведения, потому что оно случается слишком часто, измени это, спокойно рассказав всю информацию, необходимую для того, чтобы сделать лучший выбор, - и затем оставь это в покое.

У моего любимого человека есть поговорка: "Сначала ты сделаешь свой выбор, а потом я сделаю свой". Я делаю свой, но я также переоцениваю свой выбор в свете выбора моего любимого человека. Реальность такова, что если мой любимый человек чувствует дискомфорт от того, что я делаю, то он имеет право на это чувство. Это моя работа как отличного партнера - уважать его. Поэтому я переоцениваю свой выбор и спрашиваю себя, так ли это важно для меня. В большинстве случаев ответ - нет, поэтому я пасую. Когда ты хорошо выбираешь свои сражения, ты будешь побеждать.

Сомневаться
Думай, нонеговори

Сомнение

**Если я и сделал что-то правильное в своей жизни,
то это был выбор тебя.**

Ты сомневаешься в ежедневных решениях и выборе своего любимого человека? Это намекает на отсутствие доверия и проблемы с контролем, которые могут поставить отношения в оборонительное положение. Ставишь ли ты под сомнение то, как твой любимый человек справляется с определенными ситуациями? Высказываешь ли ты своё особое мнение, но смотришь, как твой любимый человек всё равно поступает по-своему?

Никогда не стоит недооценивать, насколько сильно доверие влияет на то, что любимый человек сомневается в своих решениях. Наличие доверия к любимому человеку и вашим отношениям позволяет развиваться другим вещам в ваших отношениях. Без этого совершенно естественно потерять веру в своего любимого человека и не оказывать эмоциональную поддержку, когда это необходимо.

Принимая вместе с любимым человеком серьёзные решения, крайне важно не отгораживаться друг от друга. Какие варианты лежат на столе рядом с тем результатом, который ты бы предпочел? Какого результата надеется достичь твой любимый человек? Все это должно быть рассмотрено до того, как ты начнешь упрекать своего любимого человека.

Если не говорить о своих чувствах или не участвовать в принятии решений, это может вызвать обиду на партнера за то, что он принимает решения или принимает важное решение.

Сомнение — это всё из-за отсутствия компромисса. Если это происходит, нормально признать это и сказать: "Ты прав(а), я ошибаюсь".

ВОПРОСЫ ДЛЯ ТЕБЯ И ТВОЕГО ЛЮБИМОГО ЧЕЛОВЕКА

Часто ли мы сомневаемся друг в друге?

Когда мы сомневаемся друг в друге, помогает ли это нашим отношениям?

Мы сомневаемся друг в друге, потому что недостаточно обсуждаем решения до того, как они приняты?

Когда мы задаём вопросы о том, за что не несём ответственности, нет ли ощущения, что мы суём свой нос в дела друг друга?

Считаем ли мы, что каждый из нас имеет право на своё мнение о работе или увлечениях другого?

Считаем ли мы, что каждый из нас имеет право на мнение о семье другого?

Отгораживается ли один или оба из нас от другого, когда мы сомневаемся?

Чувствует ли один из нас или оба обиду, когда другой сомневается в нашем решении?

Не заходит ли кто-то из нас слишком далеко в своих догадках?

ИНСТРУМЕНТ ДЛЯ СОМНЕНИЙ: ДУМАЙ, А НЕ ГОВОРИ

Когда ты знаешь кого-то настолько хорошо, включая недостатки (они есть у каждого из нас), сомнения становятся второй натурой. Это происходит чаще, чем мы хотим признать. Это как обладание внутренней информацией о твоем любимом человеке, и порой это может быть просто несправедливо. Всё, что ты скажешь или сделаешь, будет использовано против тебя в суде твоего собственного дома.

Принцип Думай, А Не Говори утверждает, что неправильных решений не бывает, потому что мы всегда можем исправиться и внести изменения. Будь в порядке, когда твой любимый человек не принимает то, что ты считаешь лучшим решением для сохранения здоровья отношений. Перестань сомневаться в своем любимом человеке и работай над тем, чтобы добиться большего соответствия.

Прими стратегию "давать и брать", позволяя своему любимому человеку принимать решения без критики, и то же самое делай для себя. Это может произойти только благодаря общению и компромиссу. Позволь своему любимому человеку делать все по-своему, даже если ты не согласен. Если ты Думаешь, а не Говоришь, ты можешь быть удивлен результатами. Если это сработало не в лучшую сторону, сделай предположения для будущих ситуаций и двигайся дальше.

ПРАКТИЧЕСКАЯ МЕРА
ОБЩАЙСЯ
ПОЗВОЛЬ СВОЕМУ ЛЮБИМОМУ ЧЕЛОВЕКУ ПРИНЯТЬ СЛЕДУЮЩЕЕ ВАЖНОЕ РЕШЕНИЕ. ПОЗВОЛЬ ИМ ПРИНЯТЬ ЕГО, НЕ ЗАДАВАЯ ВОПРОСОВ И НЕ ОСУЖДАЯ.

Жизнь может стать проще, если ты будешь знать, почему твой любимый человек принимает те решения, которые он принимает. Все, что тебе нужно сделать, — это спросить. Разговор — это ключ к согласию или несогласию с твоим партнером без критики. Реальность такова, что в отношениях вы должны быть способны понимать и поддерживать друг друга, не вступая в спор и не прибегая ни к чему, напоминающему "как ты смеешь подвергать сомнению мои действия". Эти недоразумения возникают из-за недопонимания. Когда ты делаешь поспешные выводы о том, что, как тебе кажется, ты знаешь и о чём думает твой любимый человек, то в итоге получаешь страдания. Ты же не умеешь читать мысли. Задай вопрос!

Важно помнить, что изменения происходят постепенно. После того как ты проведешь эти разговоры и придешь к соглашению о том, как вместе принимать решения, у тебя будет стратегия отдачи - отличное место для начала. Дай друг другу возможность ошибаться и перестань думать о том, что твой любимый человек постоянно принимает неправильные решения. В этом нет никакой силы. Вместо этого просто напомни своему любимому человеку, что он должен действовать в ситуациях, о которых договорились.

Часть Думай, А Не Говори - это помнить, что ты можешь ошибаться. Подумай о том, что то, что ты сомневаешься в своем любимом человеке, может происходить от недоверия к самому себе. Я думал, что мой любимый человек заблуждается в своих мыслях по поводу того или иного решения, и мой подход был единственно правильным, но когда я начал задавать вопросы, мой подход обрёл смысл, о котором я раньше не задумывался. Я не знал, как мне поступить, но решил просто отступить и согласиться с их предложением. Теперь я взял за правило уважать решения своего любимого человека. Я просто должен отпустить это и позволить ему действовать.

Человеческая природа такова, что ты думаешь, что у тебя есть ответы на все вопросы - твой путь единственный. Но иногда у твоего любимого человека может быть лучшее решение. Предположим, что ты просто позволишь ему высказаться. Не настаивай на своем мнении; просто согласись с их мнением. Если они ошибаются, не осуждай их и не ткни им в лицо, как будто ты никогда раньше не совершал ошибок. Возьми в привычку внедрять принцип Думай, А Не Говори.

Спроси себя: "Если бы мне пришлось делать это заново, что бы я сделал по-другому?" В том, чтобы просто сказать: "Ты прав(а), я ошибаюсь", есть такая вещь, как изящество.

Ложь

**Будь тем человеком, который портит
помаду любимого человека, а не его тушь.**

Белая ложь становится опасной, когда используется для защиты своей шкуры. Трудно представить, как маленькая ложь может настолько выйти из-под контроля, но это так. Проблема с маленькой белой ложью заключается в том, что она может заставить твоего любимого человека задуматься о том, какую еще ложь он пропустил.

Часто упускаемое из виду последствие лжи заключается в том, что нарушается доверие твоего любимого человека. Дело не в том, что им не лгали в прошлом. Дело в том, что им лгал ты. Ты должен был быть единственным в их жизни, на кого они должны были рассчитывать. Теперь они чувствуют себя преданными и злятся. Теперь, когда их глаза широко открыты, вполне естественно, что они хотят пересмотреть прошлое, чтобы увидеть, что еще они упустили. В этой паутине подозрений они не могут не чувствовать себя глупыми, даже униженными.

Пойми, что сейчас ваши отношения повсеместно ступают по вопросам предательства. Ложь и доверие не могут легко сосуществовать. Ложь в конечном итоге разрушит доверие.

Когда твой любимый человек в первый раз раскроет белую ложь, нетрудно понять, что он будет подвергать сомнению все, что ты говоришь или делаешь, пока доверие не восстановится. Когда ты вернешься домой? Куда ты ушел? С кем ты был? Чем ты занимался? Ты даже можешь поймать своего любимого человека на том, что он просматривает твои текстовые сообщения или электронную почту, когда тебя нет рядом. Тебе нужно понять, что ты потерял свою личную жизнь, потому что тебя поймали на лжи. Тебе некого винить, кроме себя.

Чем больше ты будешь лгать, тем больше твой любимый человек будет защищать себя. Они будут добавлять ещё один кирпич к этой стене, пока для тебя не останется никакого способа пройти, преодолеть или обойти её.

Белая ложь может возводить стены между партнерами. Если это происходит, нормально признать это и сказать: "Ты прав(а), я ошибаюсь".

ВОПРОСЫ ДЛЯ ТЕБЯ И ТВОЕГО ЛЮБИМОГО ЧЕЛОВЕКА

Обманываем ли мы друг друга, чтобы избежать разногласий или конфликта?

Говорим ли мы когда-нибудь белую ложь, чтобы не ранить чувства друг друга? Когда это нормально?

Бывает ли так, что один из нас или оба лгут, потому что думают, что преследуют интересы другого?

Лжем ли мы, чтобы защитить друг друга? Когда это нормально?

Лгал ли один из нас или оба, потому что нам стыдно за что-то, что мы сделали?

Лжет ли один из нас, потому что не хочет объяснять или оправдывать свои действия?

Врали ли мы когда-нибудь, потому что это проще, чем сказать правду?

Лгал ли один из нас или оба, чтобы сохранить контроль?

Лжем ли мы, чтобы не разочаровать друг друга?

Перерастает ли наша белая ложь в более серьезную?

Думают ли другие люди, что один или оба из нас лгут, когда это не так?

Лжет ли один из нас или оба, даже когда мы хотим сказать правду?

ИНСТРУМЕНТ ДЛЯ ЛЖИ: ЧЕСТНОСТЬ

О! Эта безобидная маленькая белая ложь. Обманывать — это просто в нашей ДНК. Ты знаешь те маленькие хитрости, которыми мы овладевали в детстве, чтобы получить желаемое и никогда не получить отказ.

Когда твоя мама говорила, что ты можешь пойти поиграть после выполнения домашнего задания, ты отвечал: "Мое домашнее задание сделано!". Это было не так. Потом мы стали старше и откладывали оставшиеся деньги, чтобы сделать ставку на игру, даже если ты говорил своему любимому человеку, что завязал с азартными играми. "Я бросил курить - это моя последняя сигарета!" - говоришь ты и делаешь это всерьез, пока в итоге не наступает стрессовый день, в результате которого твоя сила воли вылетает в окно вместе с твоим обещанием. Вот тогда-то тебе и понадобится немного Честности.

Честность как навык говорит о двух вещах: делай то, что сказал, что собираешься делать, и не бери на себя обязательства, к которым ты не готов. Это не означает, что ты должен раскрывать все свои личные мысли. Ты можешь быть скрытным в своих убеждениях, но не в действиях, которые влияют на твои отношения.

ПРАКТИЧЕСКАЯ МЕРА
ЗАДАЙ ВОПРОС
МОЖЕШЬ ЛИ ТЫ ПРОСТО ВЗЯТЬ ЭТО В СВОИ РУКИ? В СЛЕДУЮЩИЙ РАЗ, КОГДА ТЫ НЕ ЗАХОЧЕШЬ ИМЕТЬ ДЕЛО С ЭТИМ ДЕРЬМОМ, ПРОСТО БУДЬ ЧЕСТЕН С БЕЛОЙ ЛОЖЬЮ И ПОЗВОЛЬ ЧЕСТНОСТИ ЖИТЬ.

Знаешь ли ты, как определить, когда ты переступил черту? Это когда ты оправдываешь свою ложь и обнаруживаешь, что идешь на крайние меры, чтобы сохранить ее в тайне. Ты даже можешь чувствовать, что это неправильно, когда ты это делаешь.

Когда ты регулярно опаздываешь на работу, угадай, что происходит? Тебя увольняют, потому что не могут на тебя рассчитывать. То же самое происходит, когда тебя отчитывают за то, что ты сказал своему любимому человеку, что придешь в определенное время, а сам опоздал. Почему? Потому что они не могут тебе доверять или рассчитывать на тебя. Ты уже слышал это раньше. Твой любимый человек сказал, что не может тебе доверять, потому что...

Дипломатия — это не белая ложь. Отвечать дипломатично на личные вопросы, чтобы защитить благополучие своего партнера, — это нормально. Допустим, твой любимый человек спрашивает тебя, как он выглядит прямо перед выходом на сцену для выступления. Несмотря ни на что, ты отвечаешь: "Ты выглядишь потрясающе!", потому что, сказав что-то другое, ты можешь саботировать выступление своего любимого человека. Ты можешь сказать им, как скорректировать их наряд позже, но белая ложь была важна для их благополучия. Поэтому используй Честность с осторожностью. Они знают, когда ты защищаешь их и что ты преследуешь их интересы. Ты можешь быть честным по-доброму.

Когда ты лжешь, уровень твоего стресса сразу повышается. Когда ты лжешь, ты нравишься себе меньше. Нечестность мешает тебе быть самим собой.

Честный и бесчестный человек познаются не только из того, что они делают, но и из того, чего они желают.
Демокрит

Окончательное решение: Ты Прав(а), Я Ошибаюсь.

В любой ситуации, когда ты обнаруживаешь, что изо всех сил пытаешься вернуть своего любимого человека, ты всегда можешь достать окончательное решение: "Ты Прав(а), Я Ошибаюсь". Оно призвано дать понять твоему любимому человеку, что тебе неприятно, что ты не был с ним на одной волне, и что ты готов попытаться исправить ситуацию. Реальность такова, что для того, чтобы отношения работали, нужны двое, и твой любимый человек это понимает. Но мирное предложение никогда не помешает, и слова "ты прав(а), я ошибаюсь" - это именно такое предложение.

Если ты совершил ошибку, возьми на себя ответственность и признай её, не перекладывая вину. Не пытайся скрыть свои ошибки или сделать вид, что их никогда не было. Хотя прошлое нельзя изменить, будущих ошибок можно избежать. Это вопрос умения учиться на своих ошибках. Признай их и скажи: "Ты прав(а), я ошибаюсь".

Ошибки изначально не навредят вашим отношениям. Они становятся проблемой, когда ты не признаёшь свои ошибки или становишься оборонительным и оправдываешь их. Такое поведение создает враждебность и отсутствие доверия. Если ты готов восстановить отношения, скажи: "Ты прав(а), я ошибаюсь", и пусть начнётся процесс исцеления.

**ПРАКТИЧЕСКАЯ МЕРА
ТЫ ПРАВ(А), Я ОШИБАЮСЬ
ПОРАЗМЫШЛЯЙ НАД ПЛОХИМИ РЕШЕНИЯМИ,
КОТОРЫЕ ПРИВЕЛИ ЭТИ ОТНОШЕНИЯ ТУДА, ГДЕ ОНИ
СЕЙЧАС НАХОДЯТСЯ. ПРИШЛО ВРЕМЯ ОСОЗНАТЬ ЭТО,
ПОСМОТРЕТЬ НА СВОЕГО ЛЮБИМОГО ЧЕЛОВЕКА И
СКАЗАТЬ: "ТЫ ПРАВ(А), Я ОШИБАЮСЬ, ЧТО МЫ НЕ БЫЛИ НА
ОДНОЙ ВОЛНЕ. НО ТЕПЕРЬ ВСЕ ИЗМЕНИТСЯ".**

Владей этим навыком и пойми, что у тебя есть сила изменить ход неудачных отношений. Ты можешь сделать выбор в пользу жизни в счастливых отношениях. Неужели ты хочешь жить в доме с любимым человеком, который злится и не разговаривает с тобой? Хочешь ли ты проводить свои дни, злясь, просто пересекаясь и ведя себя так, будто бы другой не существует? Ты знаешь, и я знаю, что это отстой.

Так что будь здесь более взрослым человеком и скажи: "Ты прав(а), я ошибаюсь" и извинись за то, что вы не были на одной волне. Затем переосмысли свои прошлые действия и позволь своим новым решениям воплотить эти слова в жизнь. Используй навыки и понимание из этой книги и перезагрузи свои отношения. Плюс в том, что ты вернешь свою жизнь и любовь всей своей жизни. Во-первых, во-вторых и раз и навсегда: ЛЮБОВЬ ПОБЕЖДАЕТ.

БОНУС

Слова, которые ты никогда не должен говорить своему любимому человеку

"Ты с ума сошел/сошла?"

"Ты будешь в этом?"

"Успокойся!"

"Не злись. Я просто пошутил!"

"Не пойми меня неправильно, но..."

"Смирись с этим!"

"Дай мне пространство!"

"Поторопись!"

"Я тебя ненавижу!"

"Мне все равно".

"Я же говорил тебе..."

"Если тебе это не нравится, уходи!".

"Я сделаю это позже".

"С меня хватит".

"Это не твое дело!"

"Это твоя вина!"

"Ты выглядишь уставшей".

"Тебе нужно сесть на диету".

"Ты никогда не позволяешь мне делать то, что я хочу".

"Ты напоминаешь мне мою мать".

"Ты должен был/должна была попросить о помощи".

"Ты бы не понял/поняла".

"Ты раздражаешь".

"Ты задаешь много вопросов".

"Ты ведешь себя нелепо!"

"Ты не слушаешь меня".

"Ты ошибаешься".

"Расслабься".

"Заткнись!"

"Перестань плакать!"

"Хватит ныть!"

"Хватит говорить!"

"Это не моя работа".

"Что ты делал/делала весь день?"

"Что не так на этот раз?"

"Почему ты так психуешь?"

"Ты не мужчина!"

"Ты тиран!"

"Ты никогда меня не понимала/ понимал!"

"Я же тебе говорила/ говорил"

Слова, которые ты должен чаще говорить своему любимому человеку
"Я люблю тебя".
"Я скучаю по тебе".
"Ты мне нужен/нужна".
"Мне жаль".
"Я доверяю тебе".
"Мне нравится быть с тобой".
"Мне нравится, как ты заботишься обо мне".
"Мне нравится целовать тебя".
"Я люблю наше путешествие".
"Мне нравится жизнь, которую мы создали вместе".
"Мне нравится, как ты ведешь себя".
"Я думаю, что ты просто прекрасен/прекрасна".
"Я бы сделал все это снова и снова".
"Я буду мыть посуду".
"Я без ума от тебя!"
"Я счастлива/счастлив с тобой".
"Я так рада/рад, что ты есть в моей жизни".
"Я так влюблена/влюблен в тебя".
"Я горжусь тобой".
"Я разберусь".
"У меня есть ты".
"Ты для меня всё".
"Ты пробуждаешь во мне самое лучшее".
"Ты справишься".
"Ты выглядишь великолепно!"
"Ты делаешь жизнь проще".
"Ты заставляешь меня хотеть быть лучшим человеком".
"Ты гениален/гениальна".
"Ты великолепна/великолепен!"
"Ты мой лучший друг/моя лучшая подруга".
"Ты такая красивая/такой красивый".
"Ты ЛУЧШАЯ/ЛУЧШИЙ!"
"Ты - лучшее, что когда-либо случалось со мной".
"Ты прав(а)".
"А ты что думаешь?"
"Ты такой умный/такая умная!"

Готов к Большему?
Получи 16 дополнительных инструментов в онлайн рабочей тетради

БАЛАНС

Семья: Любимый человек на первом месте
Здоровье: Контролируй сам
Дети: Боже мой
Отдушина: 10 минут

РАВЕНСТВО

Избегание конфликтов: Равные условия
Неуважение: Почему
Иметь право голоса: Просто слушай
Эгоизм: Мы

БЕЗОПАСНОСТЬ

Финансы: Кооперативное поведение
Ревность: Это Просто Неправильно
Манипулирование: Остановись
Поддержка: Утверждение

ДОВЕРИЕ

Целостность: Оставайся верным
Интимность: Страсть
Динамика Отношений: Принятие Ответственности на Себя
Технология: Открытая Книга

Узнай больше о проблемах БАГАЖА и получи 16 инструментов в онлайн рабочей тетради:

www.тыправаяошибаюсь.ru.com

Багаж — это те сложные проблемы, которые мы все носим с собой. Это те, которые не имеют простого решения, но их нельзя игнорировать. Чем больше багажа удаляется, тем более здоровыми могут быть отношения. В режиме онлайн ты найдешь 16 инструментов, которые помогут тебе устранить багаж, угрожающий прочности твоих отношений.

БАЛАНС

Зависимость: Сила воли
Депрессия: Это Реально
Травма: Я с Тобой
Желания и Потребности: Контролируй это

РАВЕНСТВО

Созависимость: Плохое программирование
Обязательства: Идентичность
Ведение счета: Командная работа
Негодование: Прощение

БЕЗОПАСНОСТЬ

Насилие: Скелеты
Прощение: Не дави на них
Скрытые финансы: Финансовая Неверность
Самооценка: Ожидания

ДОВЕРИЕ

Отречение: Детские перчатки
Обман: Это больно
Двойная жизнь: Что За Хрень
Эмоциональная Разобщенность: Реинвестируй

Я Ошибаюсь, Ты Прав(а)

QR-код ниже
Приведет тебя на Онлайн Платформу.

Когда ты войдешь в Онлайн-платформу
Ты получишь доступ к следующему

Рабочая тетрадь с дополнительными инструментами
Уроки, советы и примеры
Мотивирующие советы для пар

www.тыправаяошибаюсь.ru.com
www.artandliving.com

Я Ошибаюсь, Ты Прав(а)
Все дело в том, чтобы ежедневно делать выбор,
согласованный с твоим любимым человеком

Эта книга посвящена тому, чтобы помочь тебе иметь
Прекрасную жизнь и удивительные отношения

ОБ АВТОРЕ

НАДЕЖДА ЕСТЬ
ВСЕГДА

-ГОНЗАЛО

www.ingramcontent.com/pod-product-compliance
Lightning Source LLC
Chambersburg PA
CBHW051142120626
46547CB00012B/914